Werner Sacher (Hrsg.)

Jenseits von PISA

Wege einer neuen Prüfungskultur

Reihe Schule und Unterricht

Herausgegeben von Jörg Petersen und
Gerd-Bodo Reinert von Carlsburg

D1719793

Auer Verlag GmbH

Gedruckt auf umweltbewusst gefertigtem, chlorfrei gebleichtem und
alterungsbeständigem Papier.

1. Auflage. 2005
© by Auer Verlag GmbH, Donauwörth
Gesamtherstellung: Ludwig Auer GmbH, Donauwörth
ISBN 3-403-04242-1

Inhaltsverzeichnis

3

WERNER SACHER:

Schulleistungsdiagnose – pädagogisch oder nach dem Modell PISA?

Die Ergebnisse von PISA zeigen auch, dass es deutschen Lehrkräften in erschreckendem Maße an diagnostischer Kompetenz fehlt. Erst kürzlich stellte das deutsche PISA-Konsortium neue, differenziertere Auswertungen der Länderuntersuchung vor, aus denen hervorgeht, dass an deutschen Schulen gleiche Schülerleistungen mit höchst unterschiedlichen Noten bewertet werden. Pikanterweise wurde dies nicht am Fach Deutsch demonstriert, dem man solche Bewertungsunsicherheiten schon immer nachsagt, sondern an Mathematikleistungen (PISA 2003, S. 321 ff.)[1]

Nur 11,4 % jener Schüler, welche im Lesetest noch nicht einmal die unterste Kompetenzstufe I erreichten, wurden von ihren Lehrkräften als „schwache Leser" eingestuft (PISA 2001, S. 119). Und wenn Lehrplanexperten (gewöhnlich erfahrene Lehrer und Vertreter der Schulaufsicht) schätzen, dass 49,3 % der 15-jährigen Hauptschüler, 60 % der Realschüler und 68 % der Gymnasiasten im Stande sein würden, Aufgaben des höchsten Niveaus V zu bewältigen, während es in Wahrheit nur 0,3 % bzw. 4,2 % und 27,7 % waren[2], dann ist daraus ebenfalls zu schließen, dass diese Lehrerelite schlicht ahnungslos hinsichtlich der tatsächlichen Leistungsfähigkeit unserer Schüler ist. Offensichtlich muss sich die Praxis der Leistungsüberprüfung und Leistungsbeurteilung an unseren Schulen gravierend ändern. Es fragt sich nur: wie?

---

1 In der Fachwelt freilich sind diese Probleme mindestens schon seit drei Jahrzehnten bekannt.
2 Errechnet aus PISA 2001, S. 100 u. 122 f.

1. „Nach PISA": Vier Sichtweisen

In der öffentlichen und fachlichen Diskussion ist unbestritten, dass teilweise einschneidende Konsequenzen aus PISA gezogen werden müssen. Es besteht allerdings die Gefahr, dass dies zu einseitig geschieht.

Im Vordergrund steht gegenwärtig die Diskussion über Konsequenzen, die aus Ergebnissen von PISA zu ziehen sind. So ist die Entwicklung von Standards für Schülerleistungen eine an vielen Orten schon in Angriff genommene Konsequenz aus PISA-Ergebnissen. Auch die Verbesserung der diagnostischen Kompetenz von Lehrkräften wird gefordert. Dabei wird allerdings gewöhnlich übersehen, dass Lehrkräfte nicht nur in Stand gesetzt werden sollten, Schülerleistungen sensibler, detaillierter, vollständiger und zutreffender zu erfassen, sondern dass sie auch geschult werden müssten, die Messqualität ihrer Aufgaben- und Fragestellungen einzuschätzen und zu verbessern, dass es – mit anderen Worten – neben der Verbesserung der diagnostischen Kompetenz auch einer Verbesserung der Testkompetenz von Lehrkräften bedarf. Noch eine ganz andere, überhaupt nicht thematisierte Frage ist die selbstdiagnostische Kompetenz von Lehrkräften hinsichtlich eigener psychosozialer Strukturen und ihrer Auswirkungen auf den Unterricht und auf die Lehrer-Schüler-Beziehung.

Wichtig ist aber auch das Wachhalten der Diskussion über andere Probleme. Die Diskussion über PISA darf nicht dazu führen, dass sie kaum noch thematisiert werden: das Gewaltproblem, Friedens- und Konflikterziehung, soziale Erziehung, Umwelterziehung, Medienerziehung, Werterziehung und vieles andere mehr. Das Themenspektrum wichtiger pädagogischer Fragen, mit welchen die Schule konfrontiert ist, geht weit über den Komplex der Schülerleistung hinaus.

PISA wirkt in vielfacher Hinsicht als methodisches Modell: Es scheint sich nahe zu legen, in der Schulpraxis Methoden zu adaptieren, die bei den PISA-Erhebungen angewandt wurden. In diesem Zusammenhang werden z. B. im Augenblick vermehrte regelmäßige Vergleichsarbeiten zwischen den Schulen einer Region diskutiert oder häufiger durchgeführte standardisierte Leistungstests.

Eine unreflektierte Orientierung an den Methoden von PISA birgt aber ein beträchtliches Gefahrenpotenzial. *Es bedarf in der Schulpraxis auch einer Ergänzung und Kompensation der PISA-Methoden.* Die schulische Praxis der Leistungsüberprüfung und Leistungsbeurteilung hat eine ganze Reihe von Aufgaben zu erfüllen, für welche die PISA-Methoden wenig hilfreich, z. T. sogar kontraproduktiv sind.

Die folgenden Ausführungen werden schwerpunktmäßig auf den letztgenannten Gesichtspunkt eingehen. D. h. sie werden versuchen zu zeigen, dass Leistungsüberprüfung und Leistungsbeurteilung „nach PISA" nicht nur heißen kann und darf, die Schulpraxis am „Modell PISA" zu orientieren, sondern auch heißen muss, den methodischen Ansatz von PISA zu ergänzen und zu kompensieren.

2. Leistungsüberprüfung und Leistungsbeurteilung im PISA-Test und in der Schule

PISA überprüfte nichtkooperativ erbrachte Schülerleistungen schriftlich. Der Test war uniform, d. h. allen Fünfzehnjährigen wurden gleichartige Aufgaben vorgelegt. Die Ergebnisse wurden quantitativ (auf einer Punkteskala) beurteilt. Auf dieser Grundlage wurden Vergleiche zwischen Schülern verschiedener Schulen und Nationen gezogen.

PISA evaluierte Lernergebnisse und den Leistungsstand in drei fachlichen Domänen: im Lesen, in der Mathematik und in den Naturwissenschaften. Dem Test lagen die klassischen Testgütekriterien der Objektivität[3], der Reliabilität[4] und der Validität[5] zu Grunde. Als Bezugsnormen[6] verwendete PISA fachliche Gesichtspunkte und die Lage zum OECD-Durchschnitt, also die kriteriale und die soziale Bezugsnorm.

Die PISA-Diagnose ist eine so genannte Makrodiagnose (Schrader/ Helmke 2002, S. 45 f.) in einer formalisierten und vom Unterricht abgehobenen Test- und Prüfungssituation. Darüber hinaus handelt es sich um eine externe Diagnose durch eine Institution und durch Personen, welche außerhalb der Schule stehen. Als solche erhob sie die Leistungen der Schüler unter Fremdanforderungen, auf welche sich die Experten des PISA-Konsortiums geeinigt hatten, und sie unterzog sie schließlich auch einer Fremdbeurteilung.

Im PISA-Test verschwindet die konkrete individuelle Schülerleistung

---

3 D. h. der Unabhängigkeit der Testdurchführung, der Testauswertung und der Bewertung vom Prüfer bzw. Testleiter.

4 Zuverlässigkeit, Messgenauigkeit.

5 D. h. der Sicherung des Umstandes, dass der Test tatsächlich misst, was er vorgibt zu messen, z. B. Lesekompetenz in dem von PISA definierten Sinne und nicht etwa fachliches Vorwissen.

6 Die Art der Kriterien, nach welchen die Qualität der Leistung beurteilt wird. Man unterscheidet soziale, kriteriale bzw. sachliche und individuelle Bezugsnorm (vgl. Sacher 2004, S. 87 ff.).

und zumal das individuelle Leistungsprofil hinter einem Punktescore. D. h. PISA interpretiert die Schülerleistung auf eine Weise, die Laien nicht ohne weiteres verständlich ist.

PISA erhob Leistungsdaten von Gruppen – Schülern verschiedener Nationen, Schularten, Bevölkerungsschichten, von Jungen und Mädchen, von Migranten und Nichtmigranten. Zweck der Erhebung war es, Planungsdaten für Wirtschaft und Politik zu gewinnen.

Eine Anlehnung der Praxis schulischer Leistungsüberprüfung und Leistungsbeurteilung an das „Modell PISA" ist nur z. T. sinnvoll und möglich. Mit Rücksicht auf die Bildungs- und Erziehungsaufgaben der Schule bedarf das „Modell PISA" der Ergänzung und vielfach sogar der ausdrücklichen Kompensation durch ganz andere Praktiken:

Die Schule muss – anders als PISA – auch mündliche und praktische sowie kooperativ erbrachte Leistungen überprüfen und beurteilen. Sie muss neben Lernergebnissen verstärkt auch Lernprozesse diagnostizieren. Außer Fachleistungen sind auch fächerübergreifende und überfachliche Kompetenzen zu beachten. Die klassischen Gütekriterien, die eine weitgehende Standardisierung der Prüfung und der Beurteilung bedingen, müssen um weitere, in unterschiedlichen Situationen flexibel handhabbare ergänzt werden. Die von PISA verwendete soziale Bezugsnorm ist pädagogisch nicht unbedenklich. An ihrer Stelle sollte häufiger auch die individuelle verwendet werden, in deren Fokus die Lernfortschritte einzelner Schüler stehen. Schulische Leistungsüberprüfung hat ihre Stärke als Längsschnitt- und Entwicklungsdiagnose. Sie ist häufig unaufwändige, unauffällige und informelle Mikrodiagnose während des Unterrichts und sie nutzt die Vorteile des internen Diagnostikers, der die Leistungskontexte der Schüler und ihre Lerngeschichte kennt. Aus noch auszuführenden gewichtigen pädagogischen Gründen wird die in der schulischen Leistungsüberprüfung diagnostizierte Leistung häufiger auch eine unter den eigenen Anforderungen der Schüler erbrachte und von ihnen selbst beurteilte sein. Und die schulische Leistungsüberprüfung tut gut daran, auch Leistungen zu beachten und zu würdigen, in welchen Schüler sich von anderen unterscheiden und in denen sie gerade nicht mit anderen vergleichbar sind. Schule sollte – mindestens begleitend zu Beurteilungen und Notenzeugnissen – Schülerleistungen auch authentisch dokumentieren (z. B. in Portfolios, vgl. 3.5.6), um Eltern, Arbeitgeber und Vertreter aufnehmender Bildungsorganisationen nicht zu entmündigen und sie nicht völlig dem durchaus fehlbaren Lehrerurteil auszuliefern. Und nicht zuletzt ist festzuhalten, dass schulische Leistungsüberprüfung und -beurteilung normalerweise eine ganz andere Intention hat als PISA: nämlich die, Leistungen zu entwickeln und zu fördern.

Tabelle 1: Leistungsüberprüfung und Leistungsbeurteilung bei PISA und in der Schulpraxis

„Modell PISA"	Ergänzungen der Schulpraxis
– Quantitativ, schriftlich, uniform, vergleichend, nichtkooperativ	– Qualitativ, mündlich, praktisch (Können!), differenziert, nichtvergleichend, kooperativ
– Lernergebnisse	– Lernprozesse: Vollständigkeit, Lernstrategien, Interaktion und Kommunikation
– Fachkompetenzen	– Fächerübergreifende und überfachliche Kompetenzen
– Klassische Testgütekriterien: Objektivität, Reliabilität, Validität	– Flexible Gütekriterien: kontrollierte Subjektivität und kommunikative Validierung
– Kriteriale und soziale Bezugsnorm	– Kriteriale und individuelle Bezugsnorm
– Querschnittsdiagnose	– Längsschnittdiagnose
– Makrodiagnose	– Mikrodiagnose: diagnostischer Unterricht
– Externe Diagnose	– Interne, informelle Diagnose
– Fremdanforderungen und Fremdbeurteilung	– Selbstanforderungen und Selbstbeurteilung
– Leistungsdaten von Gruppen	– Individuelle Leistungen und Profile
– Interpretation von Leistungen	– Dokumentation von Leistungen
– Diagnosezweck: Planungsdaten für Wirtschaft und Politik	– Diagnosezweck: Förderung der Schüler

3. Pädagogische Leistungsdiagnose: Ergänzung und Kompensation des „Modells PISA"

Im Folgenden soll auf einige der wichtigsten Unterschiede schulischer Leistungsüberprüfung und -beurteilung zum „Modell PISA" ausführlicher eingegangen werden:

3.1 Erweiterter Leistungsbegriff

Pädagogische Leistungsdiagnose muss mit einem erweiterten Lernbegriff arbeiten (Bohl 2001 c, S. 11 f.), der vier Arten des Lernens umfasst:
- fachlich-inhaltliches Lernen (Wissen, Verstehen, Erkennen, Beurteilen von Tatsachen und Zusammenhängen),
- methodisch-strategisches Lernen (Exzerpieren, Nachschlagen, Organisieren, Planen usw.),
- sozial-kommunikatives Lernen (Zuhören, Argumentieren, Diskutieren, Kooperieren usw.) und
- persönliches Lernen (Selbstvertrauen gewinnen, ein günstiges Selbstkonzept entwickeln, Werthaltungen aufbauen usw.).

Das Grundbildungskonzept von PISA (PISA 2001, S. 19 ff.) enthält zwar durchaus einen ähnlich umfassenden Lernbegriff. Da das nationale und internationale Ranking aber allein nach den Fachleistungen in den drei untersuchten Domänen erfolgte, wird die öffentliche Diskussion vom fachlichen Lernbegriff dominiert. Es würde sogar den Intentionen von PISA zuwiderlaufen, wenn dieser nun auch wieder die diagnostische Praxis an unseren Schulen beherrschte.

3.2 Der Formenreichtum pädagogischer Leistungsdiagnose

Menschen lernen sehr unterschiedlich. Dementsprechend soll Schulunterricht ihnen eine Vielfalt von Anschlussmöglichkeiten bieten und die Entwicklung individueller Leistungsprofile unterstützen.

3.2.1 Leistungsfeststellung und Leistungserbringung

Klauer (Klauer 2002, S. 103) definiert: „In der *Leistungsfeststellung* wird ermittelt, welche Leistungen die Lernenden tatsächlich beherrschen und welche nicht." Offensichtlich ist hier vor allem an die Lehrkraft als „Ermittler" gedacht. Leistungen treten in der Schule aber nicht nur auf, wo die Lehrkraft sie ausdrücklich ermittelt, sondern auch da, wo Schüler sie unaufgefordert zeigen, oft sogar auf Gebieten, die in keinem unmittelbaren Zusammenhang mit den Lehrplanzielen stehen. Aus pädagogischer Sicht ist es deshalb erforderlich, den Begriff der Leistungsfeststellung um den der *Leistungserbringung* zu ergänzen: Darunter verstehen wir das von der Lehrkraft initiierte oder nicht initiierte Zeigen von curricularen oder außercurricularen Leistungen durch die Schüler.

3.2.2 Inszenierungsformen pädagogischer Leistungsdiagnose

Pädagogische Leistungsdiagnose nutzt die Vielfalt möglicher Inszenierungsformen von Schulleistung:

Mündlich, schriftlich und praktisch erbrachte Leistungen:
Leider bildete sich im Schulsystem eine unheilvolle Tradition heraus, ohne Rücksicht auf die involvierte Persönlichkeitsdimension nahezu alles schriftlich zu prüfen: Im Falle der Stegreifaufgaben („Extemporalen") werden sogar mündliche Zensuren auf der Grundlage schriftlicher Leistungen gegeben! Die Kenntnis und das Verständnis einer Versuchsanordnung im Physikunterricht könnte man durchaus auch praktisch prüfen: „Wäre nicht sogar ein sehr viel weiter gehendes Verständnis einer Versuchsanordnung gefordert, wenn man sich nicht mit deren schriftlicher oder mündlicher Beschreibung begnügte, sondern ihren funktionsfähigen Aufbau verlangte? Wäre nicht die Aufführung eines Dramas oder doch wenigstens eines Aktes daraus nach eigener Inszenierung eine mindestens ebenso gute Überprüfung des Verständnisses wie das Verfassen der üblichen Interpretationen?" (Sacher 2004, S. 58)

Leistungen, die im Lern- und Leistungsprozess erbracht werden, solche, die sich im Ergebnis niederschlagen, und solche, die sich bei der Präsentation von Ergebnissen zeigen (vgl. 3.5.6).

*Stichprobenartig oder kontinuierlich und vollständig festgestellte und erbrachte Leistunge*n

Leistungen, die explizit *in sogen. Makrodiagnosen* in Prüfungen, Proben, Abfragen etc. außerhalb des regulären Unterrichts festgestellt werden, bei welcher die Lehrkraft ihr Hauptaugenmerk auf die Diagnose richtet, eigens den Unterricht aussetzt und unterbricht, und Leistungen, welche implizit *in sogen. Mikrodiagnosen* im Rahmen des Unterrichts gewissermaßen aus den Augenwinkeln registriert werden, ohne dass die Lehrkraft ihr Hauptaugenmerk vom Unterricht abwendet (Schrader/Helmke 2002, S. 45 f.).

Reaktiv und nichtreaktiv festgestellte Leistungen:

Leistungen, die sich in Produkten niederschlagen oder die nebenher beobachtet werden, sind nichtreaktiv, d. h. man kann sie wahrnehmen und bewerten, ohne dass sie sich dadurch noch einmal verändern. Leistungen in typischen Prüfungssituationen hingegen sind reaktiv: Die Schüler sind sich der Feststellung und Bewertung bewusst und stellen sich strategisch darauf ein. Dadurch kann das Leistungsbild unter Umständen beträchtlich verzerrt werden.

Leistungen, die in vorher festgelegten, häufig standardisierten (oft nachgerade ritualisierten) *Situationen* erbracht und abgefordert werden, *und spontane Leistungen,* welche die Schüler erbringen, wann, wo und wie sie wollen und wie es sich gerade ergibt.

Leistungen vor der Klasse/dem Kurs oder vor einer anderen Öffentlichkeit und solche, die exklusiv für einen Prüfer oder Lernpartner erbracht werden. Die mündliche Abfrage am Beginn der Stunde ist ein Beispiel für die erstere, die Stegreifaufgabe ein solches für die zweite Form.

Leistungserbringungen und -feststellungen mit weiten und offenen oder engen und geschlossenen Aufgaben:

Die Praxis der schulischen Leistungsfeststellung wird beherrscht von geschlossenen Aufgaben. Dies ist auch nicht im Sinne des PISA-Konsortiums. Arten von Aufgaben wie die in der PISA-Studie verwendete: „Maria lebt 2 km von der Schule entfernt, Martin 5 km. Wie weit leben Maria und Martin voneinander entfernt?" (Baumert u. a. 2002, S. 295) hielten selbst deutsche Mathematiklehrer für unlösbar, weil der Vektor nicht gegeben war. Dabei hätte die Antwort einfach sein müssen: Je nachdem, ob ihre Wohnorte in derselben Richtung oder in verschiedenen Richtungen zur Schule liegen, sind Maria und Martin zwischen 3 und 7 km voneinander entfernt.

Dokumentierende oder interpretierende Leistungsfeststellung:

Im ersten Fall werden authentische Leistungen der Schüler festgehalten (z. B. in Portfolios, auf die wir in 3.5.6 näher eingehen), im zweiten werden Leistungen beschrieben (sei es durch Verbalbeurteilungen oder Zensuren), die anschließend nicht mehr ohne weiteres zugänglich sind.

3.2.3 Beurteilungsformen pädagogischer Leistungsdiagnose

In einer pädagogischen Leistungsdiagnose kommen ebenso vielfältige Formen der Beurteilung zur Anwendung:

Gebundene Beurteilung nach vorher festgelegten Kriterienrastern, Punktescores usw., aber auch *freie Beurteilung*, welche die Individualität und Einmaligkeit von Leistungen möglichst differenziert zu erfassen trachtet und deshalb jeden Schematismus zu vermeiden sucht.

Beurteilung nach vorgegebenen Kriterien und Schemata und Beurteilung nach Gesichtspunkten und Rastern, welche die beurteilende Lehrkraft selbst entwickelt, um den Besonderheiten der Lehr-Lern-Situation gerecht zu werden.

Beurteilung mit Zugrundelegung der kriterialen, sozialen oder individuellen Norm, d. h. Beurteilung, welche Leistungen nach fachlichen Anforderungen, nach ihrem Stellenwert in einer Gruppe oder nach dem sich in ihnen zeigenden Lernfortschritt bemisst.

Beurteilung mit einheitlichen oder differenzierten Anforderungen:
Den meisten schulischen Leistungsfeststellungen liegen leider ebenso wie dem PISA-Test einheitliche Anforderungen zu Grunde. Differenzierte Anforderungen findet man fast nur im Grund- und Förderschulbereich, obwohl sie für die neue Lernkultur unverzichtbar sind.

Vergleichende oder nichtvergleichende Leistungsbeurteilung:
Die vergleichende Leistungsbeurteilung des „Modells PISA" kann in der Schulpraxis nur einen begrenzten Stellenwert als heilsames Korrektiv haben. Sie hat mehr Bedeutung für die Bildungsadministration, die Schulen und die Lehrkräfte als für die Schüler. Und sie ist allenfalls am Ende von Lernprozessen angebracht. Während diese noch andauern, kann sie Konkurrenzverhalten verstärken und bei den schwächeren Schülern zu vorzeitiger Resignation führen.

Nichtvergleichende Leistungsbeurteilung bedeutet nicht nur, dass auf den Vergleich mit Leistungen anderer Schüler verzichtet wird. Darüber hinaus sollte auch immer wieder einmal der Bezug auf vorher feststehende Maßstäbe und Kriterien vermieden werden. Das geschieht durch die Präsentation, differenzierte Betrachtung und Beschreibung von Leistungen, ohne dass eine Bezugsnorm, wie etwa ein Vergleich mit Gruppendurchschnitten, Lehrplanvorgaben oder eigenen bisherigen Leistungen, im Spiel ist. Man geht auf einzelne Aspekte von Schülerleistungen ein, stellt interessierte Nachfragen, lässt erklären und interpretieren, benennt und erkundet Gründe für Gelingen, Probleme und Misslingen und erwägt andere Vorgehensweisen. Nichtvergleichende Leistungsfeststellung versucht Leistung zu verstehen, ohne sie zu bewerten. „Der Vergleich von Leistungen mit einer vorab festgelegten Norm kann nicht die Grundoperation eines künftigen schulischen Leistungsverständnisses bilden" (Winter 2002 a, S. 38). Wir brauchen einen „nachführenden Leistungsbegriff" (Winter 2002 a, S. 38). Bewährte Beispiele einer solchen nichtvergleichenden Leistungserbringung sind Lerntagebücher und Portfolios.[7]

Synthetische Beurteilung, welche durch Zusammenfügen von Details und Einzelleistungen zu einer Gesamtbewertung gelangt, und *analytische Beurteilung,* welche vom Gesamteindruck ausgeht, diesen allerdings an Details und Einzelleistungen zu verifizieren sucht.

Beurteilung der Aufgabenbewältigung (der Performanz) in einer Prüfungs- oder Leistungssituation und *Beurteilung der Kompetenz,* die vermutlich zu Grunde liegt und auf welche die Förderintention letztendlich abzielt.

Monologische Beurteilung, in deren Zusammenhang den Schülern Bewertungen der Prüfer gewissermaßen „verkündet" und allenfalls begründet werden, und *dialogische Formen der Beurteilung,* in welchen die abschließende Beurteilung in der Kommunikation über unterschiedliche Sichtweisen und Perspektiven von Lehrkräften und Schülern gemeinsam erarbeitet wird.

Dialogische Beurteilung setzt voraus, dass neben der Fremdbeurteilung durch Lehrkräfte auch die Selbstbeurteilung der Schüler praktiziert und entwickelt wird (vgl. dazu unten 3.5.7). Die Beurteilung von Schülerleistungen durch Mitschüler kann eine vermittelnde Form sein.

Die grundsätzlich verfügbare Vielfalt an Formen der Leistungsdiagnose wird in der Alltagspraxis unserer Schulen ohnehin noch längst nicht ausgeschöpft. Es wäre verheerend, wenn im Gefolge von PISA eine Monokultur schriftlicher Leistungsfeststellungen fachlich-inhaltlicher (meist kognitiver) Lernergebnisse auf vorher festgelegten Gebieten zu vorgegebenen Standards und Lehrplanzielen mit uniformen Anforderungen und monologischen Fremdbeurteilungen entstünde. Dies wäre eine

---

7 Vgl. dazu die Beiträge von Ahlswede-Stefanink, Böhning, Braun und Kaiser/Mann in: Becker u. a. 2002.

denkbar schlechte Voraussetzung für die Förderung von Leistungsbereitschaft und Leistungsfähigkeit. *Viele Schülerleistungen können sich unter solchen Bedingungen überhaupt nicht zeigen, geschweige denn entwickelt und gefördert werden.*

3.3 Pädagogische Leistungsdiagnose als Förderdiagnose

Eine Leistungsdiagnose, welche die Förderung individueller Lernprozesse zum Ziel hat,

– nutzt vielfältige diagnostische Möglichkeiten und Beurteilungsformen, um möglichst alle Formen und Aspekte der Leistung zu erfassen und allen Schülern optimale Chancen zu eröffnen,

– dient dazu, geeignete Lernarrangements für Schüler auszuwählen, statt dazu, Schüler in Bildungslaufbahnen einzuweisen oder ihnen solche zu versperren,

– reizt alle Möglichkeiten aus, Leistungen in Prozessen zu erkennen, weil hier besonders wertvolle Hinweise für die Entwicklung der Leistungsbereitschaft und Leistungsfähigkeit zu gewinnen sind (Winter 2002 a, S. 35),

– orientiert sich an Lernzielen (an der kriterialen Bezugsnorm) und an individuellen Lernmöglichkeiten und -fortschritten (an der individuellen Bezugsnorm), denen entsprechend die Lernziele differenziert werden,

– ist immer wieder einmal auch nichtvergleichend im oben (3.2.3) dargelegten Sinne,

– berücksichtigt neben dem fachlichen, fächerübergreifenden und überfachlichen inhaltlichen Lernen auch methodisch-strategisches, sozialkommunikatives und persönliches Lernen,

– ist transparent für Schüler und Eltern,

– behandelt die Lerner als Subjekte, kultiviert und differenziert ihre eigenen diagnostischen Fähigkeiten und ihre eigene Reflexion über Lernen und Leisten.

Das Herzstück der Förderdiagnose ist die offene Kommunikation aller Beteiligten (der Schüler, der Lehrkräfte und der Eltern) über Lernen und Leisten. Da die Beteiligten viel näher an den Prozessen sind als Experten an Forschungsinstituten und viel unmittelbarer darauf Einfluss nehmen können, liegt in ihrer Sensibilisierung für die Entwicklung von Leistungen und für dabei auftretende Probleme die große Chance und die entscheidende Aufgabe. Sie wird aber nur dadurch bewältigt, dass wir versuchen, den Beteiligten eine förderdiagnostische Sicht auf Lernen und Leisten zu vermitteln.

Diagnose, die zum Zweck der Selektion betrieben wird, behindert eine offene Kommunikation der Beteiligten über Lernen und Leisten und begünstigt stattdessen strategisches Verhalten: Schüler trachten danach, eine möglichst gute Figur zu machen, Eltern suchen Schlupflöcher in Vorschriften und Lehrer sichern sich ab. Unter diesen Bedingungen kann keine leistungsfördernde Beratungspraxis entstehen.

Die offene Kommunikation der Beteiligten über Lernen und Leisten schließt im Übrigen ein, dass auch die diagnostische Kompetenz von Schülern verbessert (eigentlich überhaupt erst entwickelt) wird.

3.4 Problematische Ansprüche der Testtheorie

Förderorientierung lässt sich nicht immer zusammen mit maximaler messtheoretischer Qualität verwirklichen. Bei unaufwändiger Mikrodiagnose während des Unterrichts z. B. sind naturgemäß Objektivität und Reliabilität nur eingeschränkt realisierbar. Andererseits leidet in den abgehobenen Sondersituationen formeller Prüfungen leicht die Validität.[8] Aber auch förderorientierte Leistungsbeurteilung darf natürlich nicht der Beliebigkeit anheim gegeben werden. Sie unterliegt den neuen Gütekriterien der kontrollierten Subjektivität und der kommunikativen Validierung, die nicht der Testtheorie, sondern der Kommunikationskultur verpflichtet sind, welche sich viel bruchloser mit der neuen Lernkultur in Einklang bringen lässt (Bohl 2001 c, S. 35 ff.):

– *Kontrollierte Subjektivität* wird gewährleistet durch Beachtung rechtlicher Vorgaben, Einhalten von Vereinbarungen, die z. B. in Konferenzen getroffen wurden, durch Vermeiden von Willkür in der Durchführung, in der zeitlichen Verteilung, in der Anwendung von Standards, durch Gleichbehandlung aller Schüler, durch Ausklammerung sachfremder Aspekte und Erwägungen, durch Herstellen von Transparenz für Schüler, Eltern und andere Lehrkräfte sowie durch Abstimmung auf den vorangegangenen Unterricht.

– *Kommunikative Validierung* wird am ehesten gesichert durch vielfältige und den konkreten Situationen flexibel angepasste Formen der Diagnose und Beurteilung, durch deren dialogischen Charakter (d. h.

---

8 Zur Kritik an den testtheoretischen Vorgaben aus der Sicht einer neuen Lernkultur vgl. Bohl 2001 c.

durch die Einbettung in die Kommunikation aller Beteiligten über Lernen und Leisten), durch Reflexivität (Thematisierung auf der Metaebene), Explikation und Transparenz der Methoden und Kriterien.

3.5 Ausgewählte Diagnosebereiche

Im Folgenden sei auf einige Bereiche und Problemfelder pädagogischer Leistungsdiagnose ausführlicher eingegangen:

3.5.1 Diagnose und Beurteilung von Arbeits- und Lernprozessen

Nachdem in der Fachdiskussion allmählich Konsens darüber herrscht, dass auch die Prozesse des Lernens und Leistens mit in die Bewertung eingehen sollten, darf PISA nicht dazu führen, dass diese nun gegenüber den Ergebnissen wieder vernachlässigt werden. Lehrkräfte müssen sogar eine ganz besondere diagnostische Kompetenz darin entwickeln, Lernprobleme frühzeitig gewissermaßen in statu nascendi schon während des Lernprozesses zu erkennen. PISA zeigte, dass die von den Schülern während des Lernens angewendeten Lernstrategien besondere Beachtung verdienen (OECD 2001, S. 313 ff.). Aber auch andere Prozessqualitäten sind aufmerksam zu registrieren.

Dabei darf die Diagnose von Lernprozessen nicht mit der Überprüfung des Vorhandenseins von Teilen des gewünschten Endergebnisses verwechselt werden. Das Ergebnis von Lernprozessen entsteht meist nicht kontinuierlich in einer gewissermaßen linear ansteigenden Progression. Häufig gibt es Stellen und Zeiten eines qualitativen Umschlags, durch den plötzlich ein neues Niveau erreicht wird, und Plateaus, auf denen sich längere Zeit kein Fortschritt einstellt. Und meistens kommen Lerner nicht schon dadurch einem guten Ergebnis immer näher, dass sie lange genug an Aufgaben arbeiten. Es ist auch erforderlich, zum richtigen Zeitpunkt das Richtige zu tun. Um beurteilen zu können, ob dies geschieht, muss man viel von der Typik verschiedener Lernprozesse verstehen.[9] Bei unmittelbarem Beobachtungslernen an Tätigkeiten anderer z. B. müsste im Einzelnen gezeigt und überprüft werden:

– ein Bewusstsein von der Bedeutung der ganzen Tätigkeit und einzelner ihrer Elemente,
– der einfühlende, imaginierende Mitvollzug der fremden Tätigkeit,

---

9 Vgl. dazu im Einzelnen Sacher 2002, S. 63 f., und Sacher 2003.

- der in der Besinnung über die mitvollzogene Tätigkeit erfolgende Rückbezug auf relevante eigene Erfahrungen und auf eigenes Vorwissen,
- das Gewinnen neuer Erfahrungen, Kenntnisse, Einsichten, Fertigkeiten, Einstellungen usw. aus dem Mitvollzug und der besinnenden Auswertung der Fremdtätigkeit,
- die Festigung dieser neuen Erfahrungen, Kenntnisse, Einsichten, Fertigkeiten, Einstellungen und
- ihre Integration in das bisherige Wissen, Können und Werten.

Pädagogische Diagnose wird auch besonders darauf achten, ob Lernprozesse insoweit erfolgreich abgeschlossen sind, als ihre entscheidenden Phasen durchlaufen wurden – die Rückbeziehung auf eigene Erfahrungen, die Integration in Vorwissen, die Rekontextualisierung, Dekontextualisierung und Umkontextualisierung von Information, Anwendung und Transfer, Präsentation und Kommunikation von Wissen sowie die Qualitätssicherung (das „Monitoring") all dieser Prozesse.
Ein Schwerpunkt pädagogischer Prozessdiagnose sollte darauf liegen, Qualitäten zu erfassen, die am Endergebnis nicht mehr abgelesen werden können. Dies sind vor allem psychodynamische Komponenten der Leistung sowie metakognitive und soziale Kompetenzen, also die Motiviertheit, die Konzentration, die Zielstrebigkeit, die Beharrlichkeit, das Methodenbewusstsein, die Selbstständigkeit, die gezeigte Solidarität, die Kooperationsbereitschaft und die kommunikative Kompetenz der Schüler beim Lernen und Arbeiten.
Der direkten Beobachtung von Lern- und Arbeitsprozessen durch die Lehrkraft sind allerdings leider relativ enge Grenzen gesetzt: Rein mentale Tätigkeiten bleiben ihr letztlich unzugänglich. Allenfalls kann sie sich hier auf Indikatorverhalten stützen, das Rückschlüsse auf mentale Prozesse zulässt. So ist der Verlauf von Lernprozessen meistens nur indirekt aus dem Arbeitsprozess erschließbar. Wegen dieser Grenzen der Beobachtung muss die Feststellung von Leistungen in Prozessen unbedingt die Möglichkeiten der Schülerselbstdiagnose nutzen (vgl. dazu unten 3.5.7).
Um sie im Zusammenhang mit Lern- und Leistungsprozessen zu praktizieren, müssen aber auch die Schüler viel von entscheidenden Phasen typischer Lernprozesse verstehen. D. h. ohne Entfaltung der Metakognitionen der Schüler macht auch Schülerselbstdiagnose von Lern- und Leistungsprozessen nur begrenzt Sinn.

3.5.2 Leistungsdiagnose beim selbst organisierten Lernen

Auch bei den Arbeitsformen selbst organisierten Lernens wie Freiarbeit, Wochenplanarbeit, Lern- und Übungszirkeln ist die systematische Beobachtung (als Fremdbeobachtung durch die Lehrkraft oder durch Mitschüler und als Selbstbeobachtung) eine vielfältig einzusetzende Methode. Andere praktikable Wege sind[10]:

- Zuständigkeiten von Schülern für bestimmte Stationen oder Materialien: Dabei sollte die Zuständigkeit sowohl organisatorischer als auch fachlich-inhaltlicher Art sein. D. h. die Schüler sollten Verantwortung tragen für die Ordnung, den Aufbau, den Zustand, aber auch für die Gestaltung, die Lerninhalte, die Art der Aufgabenstellungen usw. Sie sollten „Experten" sein, die Mitschüler in vielfältiger Hinsicht beraten und unterstützen können.
- Laufkarten, auf welchen die Schüler vermerken, wann sie welche Stationen und Materialien bearbeitet haben. Ggf. sind auf diesen auch Arbeitsergebnisse einzutragen, die wiederum von der Lehrkraft, von Mitschülern oder – soweit Ergebniskarten usw. vorhanden sind – von den Schülern selbst kontrolliert werden können.
- ausführlichere Lerntagebücher, in welche die Schüler ihre Erfahrungen beim Arbeiten, ihre Fragen und Schwierigkeiten, aber auch wichtige Erkenntnisse und Einsichten eintragen
- Fragebögen (die evtl. zuvor mit den Schülern gemeinsam erarbeitet wurden), in welchen sich Schüler über ihr Verhalten beim Arbeiten äußern
- ausführliche Plenumsbesprechungen zum Abschluss jeder Wochenplanphase, die inhaltliche und methodische Arbeitsberichte, weitere Lernvorhaben usw. umfassen können
- Beratungs- und Beurteilungsgespräche der Lehrkraft mit einzelnen Schülern oder kleineren Schülergruppen
- Abschlusstests, die einzeln oder in Kooperation mit anderen Schülern bearbeitet werden
- „Führerscheinprüfungen", d. h. Tests, zu denen man sich anmelden kann, wenn man glaubt, bestimmte Grundkompetenzen erarbeitet zu haben
- Erstellen von Skripten, Zusammenfassungen etc.
- Gestalten von Postern
- Anlegen von Portfolios (vgl. unten 3.5.6)

---

10 Vgl. die Beiträge von Braun, Daur und Landherr in Grunder/Bohl 2001.

– Präsentation von Ergebnissen vor Mitschülern (im Plenum oder in kleineren Gruppen oder auch nur vor einem Partner) oder vor einer Öffentlichkeit

3.5.3 Leistungen im differenzierenden Unterricht

In dem Maße, wie die moderne Schule differenzierenden Unterricht praktiziert, sieht sie sich dem Problem konfrontiert, Leistungen auch differenziert zu überprüfen und zu beurteilen. Uniforme Prüfungen mit einheitlichen Beurteilungen nach dem „Modell PISA" sind hier nicht hilfreich. Ferner wird die Beurteilung in der Regel keine lediglich quantitative bleiben dürfen, sondern auch die Form einer detaillierten qualitativen Rückmeldung über den Lernstand haben müssen, die mit weiterführenden Hinweisen und Lernhilfen verbunden ist. Auch sollte man mindestens drei Anforderungsniveaus unterscheiden: Grundanforderungen, erhöhte Anforderungen und reduzierte Anforderungen. Falls Ziffernnoten vergeben werden, ist es unumgänglich, diesen Anforderungsniveaus unterschiedliche Notenbereiche zuzuweisen (Staatliches Seminar Biel 2000), z. B. dem Erfüllen erhöhter Anforderungen die Note 2, dem Erreichen der Grundanforderungen die Note 3 und dem Entsprechen lediglich reduzierter Anforderungen die Note 4, wobei ggf. auch Über- und Unterschreitungen um eine Notenstufe für Übererfüllungen und knappes Erreichen möglich sind:

Abbildung 1: Anforderungsniveaus und zugewiesene Notenbereiche

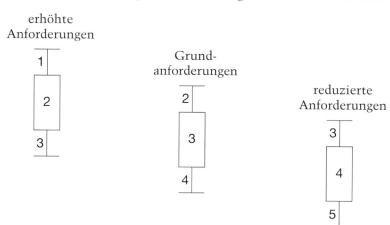

3.5.4 Können umweglos am Können prüfen

Zwar bestand ein großer Fortschritt von PISA darin, dass Kompetenzen anwendungsbezogen geprüft wurden. Aber auch PISA prüfte mindestens teilweise Können noch auf dem Umweg über Wissen und nahm dabei zwei Arten von Fehlern in Kauf: „Der Fehler erster Art besteht darin, dass dem Prüfling auf Grund seines Wissens ein Können zugeschrieben wird, über das er nicht verfügt. Der Fehler zweiter Art besteht darin, dass dem Prüfling auf Grund seiner Sprachlosigkeit ein Können abgesprochen wird, über das er verfügt (Neuweg 2002, S. 86). „Die ‚intellektualistische Prüfungsdidaktik' ist noch nicht völlig überwunden, wenn man Schüler beschreiben lässt, was sie in bestimmten Situationen täten. Besser wäre es, sie zum Zweck der Leistungsüberprüfung wirklich in diese Situationen zu stellen (ebd., S. 95 ff.). „Die Kunst des Prüfens besteht nicht darin, nach dem Wissen hinter dem Können zu fragen. Sie besteht darin, Bewährungssituationen zu konstruieren ..." (ebd., S. 99).

3.5.5 Diagnose kooperativ erbrachter Leistungen

Bei Gruppenarbeit und Projektunterricht ist darauf zu achten, dass sowohl Leistungen im Arbeits-, Lern- und Teamprozess als auch Ergebnisse und Produkte sowie ihre Präsentation (ihre „Veröffentlichung") berücksichtigt werden. Einzelleistungen sollten nach Möglichkeit nur mit Bezug auf die Gruppenleistung gezeigt und erfasst werden, da sonst das Proprium dieser Arbeitsformen zerstört wird.

Geeignete und bewährte Formen der Beurteilung kooperativ erbrachter Leistungen sind[11]:

– Frage- und Reflexionsbögen (die möglichst zuvor mit den Schülern gemeinsam erarbeitet wurden), in denen sich Schüler über die Findung und über die Relevanz des Themas, über ihre Planung und Organisation, die Kommunikation im Projektteam, über ihre Arbeitsweise, das Einbringen, den Erwerb und die Anwendung von Handlungskompetenzen, die Ganzheitlichkeit ihres Lernens (auch in den nicht kognitiven Lernbereichen), fachbezogenes und fächerübergreifendes Lernen usw. äußern
– Lern- und Arbeitsprozessberichte, in welchen die Lern- und Arbeitsprozesse detailliert dargestellt und beurteilt werden

---

11 Vgl. die Beiträge von Dieckhoff, Gunsser und Schulz in Grunder/Bohl 2001 und Emer/Horst, Goetsch und Lenzen in Becker u. a. 2002 sowie Sacher 2004, S. 244.

- Zwischenbesprechungen im Team (evtl. zusammen mit der Lehrkraft) oder im Plenum
- Teamtest: Die Beantwortung wichtiger Fragen durch jedes Teammitglied, z. B.:
  Was hat jeder Neues gelernt und zum Gelingen des Ganzen beigetragen? Wie wurden die Rollen verteilt? Wie ging das Team mit Schwierigkeiten und Fehlern um? Was wurde für die nächste Teamarbeit gelernt?
- ausführliche Abschlussbesprechungen
- Beratungs- und Beurteilungsgespräche der Lehrkraft mit der Projektgruppe
- Herstellen eines Lernplakats mit wichtigen Informationen, Begriffen, Fotos, Tabellen, Diagrammen usw. für Mitschüler
- Präsentation der Lern-, Arbeits- und Gruppenprozesse sowie der Gruppenergebnisse vor Mitschülern oder in der Öffentlichkeit

Natürlich sind auch hier die verschiedenen Varianten der Beobachtung mit Gewinn einsetzbar.

3.5.6 Diagnose von Lern- und Handlungsergebnissen

Es wäre ein folgenschwerer Irrtum zu glauben, wenigstens hinsichtlich der Diagnose und Beurteilung von Produkten unterscheide sich die neue Lernkultur nicht wesentlich von der traditionellen Praxis. Deren Grundübel ist nämlich, dass nach der interpretierenden Leistungsfeststellung (d. h. nach der Beschreibung und Bewertung der Leistungen in Worten oder Zensuren) die authentischen Ergebnisse nicht mehr zugänglich sind, sondern „in dem Augenblick [verschwinden], in dem sie mit einer Note versehen werden" (Becker u. a. 2002, S. 150). Das führt dazu, dass Noten, Testergebnisse oder Verbalbeurteilungen leicht mit den Leistungen selbst verwechselt werden (ebd., S. 37). Die Abnehmer – Eltern, Lehrkräfte aufnehmender Schularten und -stufen sowie Arbeitgeber – sind folglich dem Lehrerurteil über die Leistungen der Schüler mehr oder weniger ausgeliefert (Vierlinger 1999, S. 79).
Dies lässt sich vermeiden, indem man authentische Ergebnisse von Arbeits-, Lern- und Leistungsprozessen in *Portfolios* dokumentiert[12]. Dabei werden ausgewählte Schülerarbeiten in einer Mappe (einem Port-

---

12 Vgl. dazu im Einzelnen die Beiträge von Engstler, Jervis, Rösel, Winter und Vierlinger in Becker u. a. 2002; Lustig 1996; Martin-Kniep 1998; Sacher 2001, S. 241 ff.; Vierlinger 1999.

folio) gesammelt. Die Auswahl erfolgt durch die Schüler oder (besser) durch Schüler und Lehrkräfte gemeinsam nach vereinbarten Gesichtspunkten. Die Schülerarbeiten können durch statistische Daten über die Leistungsentwicklung, Arbeitsblätter, Referate, Leselisten, Fehlerlisten, Auflistungen der im Unterricht verfolgten Lernziele, Pensenbücher, Lernentwicklungsberichte usw. ergänzt werden.

Um Portfolios in vollem Umfang für die Förderung von Leistungsbereitschaft und Leistungsfähigkeit fruchtbar zu machen, sollten die Schüler sie regelmäßig mit Mitschülern, Eltern und Lehrkräften besprechen. Solche „Portfoliokonferenzen" können dann z.B. wiederum zur Vereinbarung von kurz- und langfristigen Zielen führen.[13]

Auf ähnliche Weise können auch andere Arten von Produkten individueller und gemeinsamer Lern- und Arbeitsprozesse (Hefteinträge, Aufsätze, Dossiers, Plakate, künstlerische Gestaltungen, Werkstücke, Websites etc.) zum Anlass genommen werden, die Kommunikation über Lernprozesse und Leistungen zu intensivieren und zu verbessern.[14]

Besondere Beachtung sollte in der neuen Lernkultur auch der *Präsentation der Ergebnisse und Produkte* von Arbeits, Lern- und Leistungsprozessen geschenkt werden. Es genügt nicht, dass Schüler zu guten Lernergebnissen gelangen und gute Leistungen erzielen. Sie müssen auch in der Lage sein, sie angemessen zu präsentieren und anderen zugänglich zu machen.

Bewährte Präsentationsverfahren sind z.B.[15]

– das Referat, wobei einzelne Schüler, Partner oder Gruppen als Referenten auftreten können,
– die Partnerpräsentation, bei welcher das Ergebnis nur einem Lernpartner präsentiert wird,
– das Gruppenpuzzle, bei dem Schüler einander die Ergebnisse einer arbeitsteiligen Gruppenarbeit vermitteln, indem sie als „Experten" in die jeweils anderen Gruppen ausschwärmen und den Mitschülern ihre Spezialkenntnisse präsentieren,
– die Organisation einer Ausstellung,
– das Vorstellen einer selbst gestalteten Broschüre,

---

13 Zur Gestaltung und Evaluation solcher Vereinbarungen vgl. im Einzelnen die Beiträge von Glänzel/Uesseler und Spindler in Becker u. a. 2002.
14 Vgl. dazu Grunder/Bohl 2001, S. 296 ff.; Herren 1999; Kossik 1999; Staatliches Seminar Biel 2000.
15 Einige Möglichkeiten sind entnommen aus: Grunder/Bohl 2001, S. 102 ff. u. S. 299, sowie aus Emer/Horst in: Becker u. a. 2002, S. 161.

- die Durchführung einer Unterrichtsstunde über den zu präsentierenden Inhalt[16],
- die Organisation einer öffentlichen Aktion oder Demonstration,
- eine szenische Gestaltung zum Inhalt, z. B. die Inszenierung eines Gerichtsprozesses mit Anwalt, Richter, Zeugen usw. (Grunder/Bohl 2001, S. 188 ff. u. 299).

Dabei ist es wichtig, auch den Rest der Klasse zu aktivieren, etwa indem man Frageronden anschließt, mit den Präsentationen Preisvergaben und Auszeichnungen verbindet, die Relevanz der präsentierten Inhalte für folgende Tests bekannt gibt usw. Vor allen Dingen aber sollte man die Mitschüler in die Bewertung der Präsentation einbeziehen und dafür mit ihnen geeignete Kriterien erarbeiten, die auch schon dem Lern- und Arbeitsprozess zu Grunde gelegt werden.[17]

3.5.7 Schülerselbstdiagnose und -selbstbeurteilung

Die Einbeziehung der Schülerselbstdiagnose in die Praxis einer pädagogischen Leistungsdiagnose ist aus vielen Gründen geboten[18] – um des Erziehungsziels „Mündigkeit" willen, aber auch um die Metakognitionen der Schüler[19] zu fördern, die nach allem, was wir aus der neueren Lehr-Lern-Forschung wissen, von höchster Bedeutung für den Lernerfolg sind (Guldimann 1997, S. 180 ff.). Schülerselbstdiagnose ist unverzichtbar für Prozessdiagnose und für die Diagnose kooperativ erbrachter Leistungen: Nur die Schüler haben vollständigen Einblick in ihre eigenen mentalen Prozesse und in Gruppenprozesse. Auch können viele Lernaktivitäten der Schüler von Lehrkräften allenfalls sporadisch beobachtet werden (Leistungen in Gruppenarbeits- und Freiarbeitsphasen, Hausaufgaben, Projektaktivitäten). Niemand kann so intimen Einblick in das Lernen und in die Leistungen von Schülern haben und so früh intervenieren wie die Schüler selbst.

Im Kern geht es bei der Schülerselbstdiagnose um eigenes Reflektieren der Schüler über Arbeits- und Lernprozesse und über Leistungen – sowohl die eigenen als auch die von Mitschülern. Ob eine damit verbundene Beurteilung auch in die Vergabe einer Zensur einmündet, ist eine eher marginale Frage. Dieses eigene Reflektieren der Schüler über Arbeits- und Lernprozesse und über Leistungen – ihre eigenen, die der Mitschüler und die Lehr-

---

16 Hier erfolgt der Übergang zur Methode „Lernen durch Lehren". Vgl. dazu Bönsch 2000; Martin 2000; Renkl 1997.
17 Vgl. dazu Grunder/Bohl 2001, S. 152, 170, 179 u. 300 f.
18 Im Einzelnen aufgeführt bei Sacher 2004, S. 221 ff., und bei Winter 1991.
19 Den Aufbau von Wissen über die eigenen Kognitionen und Lernprozesse.

leistungen der Lehrkraft – findet im Übrigen ohnehin schon immer statt. Allerdings wird sie in vielen Fällen naiv und wenig fachkundig sein. Es ist eine wichtige Aufgabe der Schule, diese naive laienhafte Selbstdiagnose der Schüler im Zusammenhang der Leistungserziehung zu kultivieren und zunehmend professioneller zu gestalten.

Schülerselbstdiagnose kann mit Gewinn im Zusammenhang der Prozessdiagnose, der Diagnose von Ergebnissen und Produkten und der Diagnose von Präsentationen eingesetzt werden. Das Führen von Berichtsheften und Lerntagebüchern – evtl. „dialogisch"[20] – ist eine bewährte Methode. Zentrale Bedeutung kommt der Störstellenanalyse und der Arbeit an Fehlern zu, durch die eine Sensibilisierung der Schüler für Fehler, ihre Reflexion über diese (Klassifizierung von Fehlern nach Arten und Typen, Aufstellen von Kausalhypothesen über ihr Zustandekommen), das Planen und Ergreifen von Maßnahmen zum Vermeiden und Ausmerzen von Fehlern und die Evaluation dieser Maßnahmen angebahnt werden soll.[21]

Es bleibt auf die Dauer unbefriedigend, wenn den Schülern die Kriterien für Selbstdiagnose und -beurteilung von der Lehrkraft einfach vorgegeben werden. Sie erhalten dann im besten Fall lediglich Gelegenheit, die Kriterien der Schule und der Lehrkräfte besser kennen und verstehen zu lernen und schließlich zu internalisieren. Häufig bricht dadurch ihre anfängliche Motivation zur Selbstdiagnose wieder zusammen, weil sie sich von Schule und Lehrkräften vereinnahmt fühlen. Um dies zu vermeiden, müssen unbedingt auch Kriterien zusammen mit den Schülern erarbeitet werden.[22]

Das „Modell PISA" ist ein heilsames Korrektiv für die bisherige Praxis der Schulleistungsdiagnose, aber eben auch nur ein solches. Es kann und darf eine pädagogische Schulleistungsdiagnose nicht ersetzen, die das Ziel der Förderung verfolgt und deshalb Verfahren entwickeln und verwenden muss, mit denen sich auf möglichst direktem Wege vielfältige Maßnahmen zur Unterstützung der Lernprozesse von Schülern gewinnen lassen. Vergleichende Leistungsmessungen, die lediglich den Lernstand der Schüler erfassen, reichen dafür bei weitem nicht aus. Und Leistungsfeststellungen, die gar nur dazu dienen, zu Bewertungen zu gelangen, sind pädagogisch nicht einmal zu verantworten.

---

20 D.h. in der Weise, dass die Lehrkraft oder ein Lernpartner periodisch die Eintragungen der Schüler kommentiert und weiterführende Hinweise dazu gibt. Vgl. Winter 1999, S. 205.

21 Ausführliche Beispiele in Sacher 2004, S. 231 ff.

22 Beispiele für Kriterien, die in den unterschiedlichsten Situationen entwickelt und angewendet wurden, sind an vielen Stellen veröffentlicht, z.B. auch bei Sacher 2001, S. 234 ff.

GÜNTHER DOHMEN:

Nicht für die Schule, für das Leben – prüfen?

Viele Menschen lernen nur für Prüfungen und Zertifikate. Was sind aber Sinn und Grenzen schulischer Prüfungen?

1. Wofür lernen wir?

Schüler beantworten diese Frage im Allgemeinen mit den Hinweisen, dass Lernen in der Schule verlangt, kontrolliert, geprüft und benotet wird und dass ihre Ausbildungs-, Arbeits- und Verdienstmöglichkeiten weitgehend von einem ordentlichen Schulabschluss und Zeugnis abhängen.

Das heißt, sie beziehen das Lernen wie selbstverständlich auf die Schule und die dokumentierten Schulleistungen und sehen die Schule als ein gesellschaftlich vorgegebenes Durchlaufsystem, in dem man sich nolens volens einigermaßen durchbeißen und bewähren muss, um die nötige Anerkennung und entsprechende Chancen und Berechtigungen in der Erwachsenenwelt zu finden.

PISA-Forscher und entsprechende Bildungsreformer haben einen etwas anderen Blickpunkt: Sie legen mehr Wert darauf, dass Schüler durch Lernen die nötigen Lebens- und Arbeitskompetenzen für ein erfolgreiches Zurechtkommen in der modernen Welt entwickeln. Das bedeutet, es soll besonders gelernt werden, gespeichertes Wissen und eigene Erfahrungen aufgabenbezogen zu erschließen, zu verarbeiten und sinnvoll anzuwenden sowie lebensnahe und für die Praxis relevante Probleme verständig und kooperativ zu lösen.

Hier geht es offenbar mehr um ein direkteres Lernen für das Leben, für die persönliche Lebensbewältigung und für eine kompetente Leistungsbewährung in der modernen Welt. Die Maßstäbe zur Beurteilung von Lernleistungen werden danach weniger vom curricularen System der Schule abgeleitet als vielmehr von den Verstehens- und Verhaltensanforderungen der außerschulischen Lebenswelt, der Gesellschaft, des sozialen Umfelds und vor allem der Arbeitswelt.

Lehrer und Schüler scheinen demgegenüber verständlicherweise stärker im Systemzusammenhang eines Schulwesens zu denken, das vor allem als ein vom unmittelbaren Lebensdruck abgehobenes planmäßig-fachsystematisch gestuftes, pädagogisch-psychologisch dosiertes Wissensvermittlungssystem funktioniert.

Diese verschiedenen Sichtweisen konfrontieren uns mit einem Grundproblem, das von Anfang an strukturell mit der Entwicklung besonderer Anstalten für das systematischere Lehren, Lernen und Prüfen verbunden ist: Wir stehen vor dem Spannungsverhältnis zwischen „Lernen für die Schule" und „Lernen für das Leben".

Dieses Spannungsverhältnis lässt sich durch entsprechende Anpassungen entschärfen. Aber ganz aufzulösen ist es wohl nicht.

2. Die notwendige pädagogische Strukturreform

Unsere Schulen sind historisch gewachsene, in sich stimmige Systeme von Unterricht nach fachlich gegliederten Lehrplänen, in denen die Schüler vor allem durch Prüfungen, Noten, Zeugnisse und entsprechende gesellschaftliche Sanktionen bei der Stange gehalten werden – und zwar auch unabhängig davon, wieweit sie das, was sie lernen und in Prüfungen rekapitulieren sollen, als hilfreich bzw. sinnvoll begreifen.

Schulen funktionieren idealtypisch im Wesentlichen als gut eingespielte, relativ geschlossene Systeme, die vor allem auf drei Stützpfeilern ruhen:

1. auf allgemein verbindlichen, gesellschaftspolitisch abgesegneten und auf traditionelle Schulfächer bezogenen Stoffplänen,
2. auf gezielt für diese Wissensstoffvermittlung ausgebildeten Lehrern und
3. auf einem die Aneignung des tradierten Lernstoffs kontrollierenden und zertifizierenden Prüfungs-, Benotungs- und Sanktionssystem.

Dieser Organisationstyp „Schule" ist zweifellos eine große kulturelle und soziale Errungenschaft. Aber die systemimmanent im Großen und Ganzen gut funktionierenden Schulen stehen immer wieder vor der kritischen Frage, wieweit das, was in ihnen im Allgemeinen gelehrt, gelernt und geprüft wird, und die Art, wie das jeweils geschieht, angemessen bezogen ist auf die Anforderungen und Kompetenzen der modernen

Arbeits-, Lebens- und Medienwelt und auf die vielfältigen Lernmöglichkeiten und Verstehensprobleme verschiedener individueller Lernerinnen und Lerner in dieser Welt.

Es ist heute vor allem auch die Notwendigkeit eines „lebenslangen Lernens für alle", von der aus diese Grundfrage neu akzentuiert und zugespitzt wird.

Das heute für alle Menschen notwendige lebenslange Lernen bricht die dominante Beziehung des Lernens auf Schulen und organisierte Lehrveranstaltungen auf. Denn das lebenslange Lernen lässt sich nicht gleichsam „von der Wiege bis zur Bahre" in schulischen Formen organisieren. Damit verlagern sich auch die Schwerpunkte der Schularbeit mehr zur Grundlegung und Motivierung für das lebenslange Weiterlernen. Das bedeutet:

Was Kinder und Jugendliche durch Lernen in Schulen vor allem erwerben sollen, sind die Kompetenzen, die es ihnen ermöglichen, ihr Leben lang selbst gesteuert erfolgreich weiterzulernen. Dabei geht es vor allem um:

1. die formalen Grundkompetenzen wie Lesen, Schreiben, Rechnen und Kommunikation, besonders auch in einer Fremdsprache und mit modernen Medien,
2. ein allgemeines Orientierungswissen über wichtige Gestaltungsprinzipien und Traditionen der gemeinsamen politischen, wirtschaftlichen, kulturellen, ethisch-religiösen Lebensverhältnisse,
3. geistige, soziale, praktische Schlüsselkompetenzen für das verstehende Erschließen wichtiger Lebensgebiete und das persönliche Zurechtkommen in ihnen und
4. die Kompetenz zum selbstständigen Denken, eigenverantwortlichen Handeln und selbst gesteuerten lebenslangen Weiterlernen.

3. Das veränderte Lernverständnis

Es ist vor allem auch ein neues erweitertes, natürlicheres, existenzielleres Verständnis des menschlichen Lernens, das sozusagen an den Toren der Schulen rüttelt und ein zu selbstgenügsames Unterrichtssystem zur stärkeren Öffnung und Fundierung für das außerschulische Leben und Lernen herausfordert.

Wir müssen zur Kenntnis nehmen, dass das tatsächliche lebenslange Lernen der Menschen heute zu etwa 70 Prozent außerhalb von Schulen in praktischen Lebens-, Arbeits- und Medienzusammenhängen stattfindet.

Lebenslanges Lernen ist vorwiegend ein informelles Selbstlernen sowohl in alltäglichen Anforderungssituationen wie besonders auch in kritischen Umbruchsituationen. Dieses informelle Lernen wird nicht ausgelöst durch ein systematisches Belehrt- und pädagogisches Angeleitet-Werden, sondern durch die persönliche, zum Teil medienvermittelte Auseinandersetzung mit lebensimpliziten Problemen, Aufgaben, Begegnungen, Krisen und Veränderungen.

Und dieses erweiterte Lernverständnis entwickelt sich vor allem durch die Aufnahme des lebensimpliziten, oft gar nicht absichtsvoll bewussten informellen Lernens, das einen zentralen Platz in unserem pädagogischen Verständnis- und Handlungshorizont einnimmt.

Das zwingt uns dann auch dazu, unser Verständnis von „Lernfähigkeit" entsprechend zu erweitern: „Lernfähigkeit" ist weniger eine allgemeine als eine jeweils auf bestimmte Lernanforderungen und Lernformen bezogene Kompetenz. Viele Menschen, besonders im Erwachsenenalter, sind z. B. lernfähig, aber nicht unterrichtsmäßig belehrbar.

Wenn wir nur auf Grund traditioneller schulischer Lernanforderungen und Schulleistungen mehr oder weniger lernfähige oder gar mehr oder weniger intelligente Menschen unterscheiden und danach nicht nur das Weiterkommen im Bildungswesen, sondern auch die Lebens- und Karrierechancen zuteilen, dann vergessen wir, dass es sich dabei vielfach eher um „Bildungsbenachteiligte" handelt, die in anderen Lernformen – z. B. beim informellen oder praktischen Lernen – durchaus erfolgreich sein können.

Es geht deshalb auch bei der Anerkennung und Bewertung des Lernens darum, den pädagogischen und bildungspolitischen Horizont um die vielfältigen menschlichen Lernformen zu erweitern, die sich an anderen, nichtschulischen Lernorten entwickeln.

4. Mehr Förderung eines selbst gesteuerten informellen Lernens

Wir erkennen heute zunehmend die Grenzen einer Sozial-, Krankheits- und Rentenversorgung, die als ein lückenloses öffentliches Fürsorgesystem des Staates für alle Bürger und Bürgerinnen auf die Dauer nicht zu organisieren und zu finanzieren ist. Ähnlich wie hier in Zukunft mehr Eigenbeteiligung und Eigeninitiative nötig wird, gilt das auch für die Weiterentwicklung des lebenslangen Lernens. Auch hier sind die Eigeninitiative und Selbstverantwortung des Einzelnen (und bürgerschaftlicher Kooperationsgruppen) gefordert. Das für alle überlebenswichtige lebensimplizite Lernen ist praktisch als ein bewusster von den lernenden Menschen selbst bestimmtes, selbst gesteuertes und selbstverantwortetes Lernen weiterzuentwickeln.

Es sind aber nicht nur die Nichtorganisierbarkeit und Nichtfinanzierbarkeit einer lebenslangen öffentlichen „Beschulung", die ein stärkeres selbst gesteuertes lebenslanges Lernen notwendig machen. Es geht ja auch um ein situatives Ad-hoc-Lernen, das jeweils flexibel auf wechselnde persönliche Möglichkeiten und Voraussetzungen bezogen werden muss und das deshalb maßgebend nur von den einzelnen Lernenden selbst nach ihren akuten Bedürfnissen und Möglichkeiten gesteuert werden kann.

Bei diesem bewussteren Weiterentwickeln des Lernens im Leben können aber die Menschen auch nicht einfach sich selbst überlassen bleiben. Es wäre für viele eine glatte Überforderung, wenn sie nun ihr Lernen ganz selbst organisieren sollten. Sie sollen aber ihr Lernverhalten und auch ihre Nutzung fremdorganisierter Lernmöglichkeiten bewusster selbst nach ihren persönlichen Interessen und Voraussetzungen zu steuern und verantworten suchen.

So wie ein Autofahrer nicht einfach querfeldein fährt, sondern ein selbst gewähltes Fahrtziel auf selbst gewählten, aber öffentlich erstellten Straßen, mit selbstbestimmter Nutzung öffentlicher Infrastrukturen – Tankstellen, Raststätten, Straßenkarten etc. – ansteuert, so geht es auch beim „selbst gesteuerten" lebenslangen Lernen darum, die öffentlichen Bildungsmöglichkeiten und fremdorganisierten Lernangebote nach den eigenen Interessen und Möglichkeiten selbst auszuwählen und einen persönlichen Lernweg durch eine jeweils persönlich zu erschließende vielfältige Lernumwelt anzusteuern.

Mit diesem stärker selbst gesteuerten Lernen müssen schon die jungen Menschen in den Schulen vertraut gemacht werden.

5. Neue Unterstützung für ein erweitertes lebenslanges Lernen

Für das erweiterte, stärker selbst gesteuerte Lernen brauchen die Menschen neben fachspezifischen Lehrgängen auch direktere gezieltere Lernhilfen. Sie müssen z. B. heute aus einem offenen Daten- und Wissensspeicher unmittelbar die thematisch geordneten Informationen und die modulartigen Lernhinweise aufsuchen und abrufen können, die gerade für eine Aufgabenlösung benötigt werden.

Dabei kommen zwei Prinzipien gemeinsam ins Spiel:

Einmal das besonders in der angelsächsischen Bildungsreform maßgebende „Learn-direct"-Prinzip und zum andern die Entwicklung von themen-, aufgaben- und problembezogenen Modulen, die als Lernbausteine nach jeweils persönlichen Lernbedürfnissen ausgewählt und kombiniert werden können.

Damit kann sich ein gezielt gesteuertes erkundendes, recherchierendes, exploratives Lernen entwickeln, das jeweils direkt auf konkrete Problem-, Projekt- bzw. Aufgabenzusammenhänge bezogen ist und dazu aus einem offenen Lernnetzwerk unterstützende Lernmodule abrufen kann. Für dieses erkundend-recherchierende Lernen mit Hilfe von problemlösungsbezogenen Informationsmodulen bieten die modernen Informations- und Kommunikationstechnologien spezifische Umsetzungsmöglichkeiten.

In diesem Gesamtzusammenhang eines erweiterten lebenslangen Lernens müssen das wissensspeichernd-rezeptive Lernen und das entsprechende Prüfen auch in den Schulen stärker zurücktreten gegenüber der Entwicklung und Anerkennung der Kompetenzen für ein aktivierend-recherchierendes Problemlösungslernen. Dabei schließt Kompetenz entwickelndes Lernen immer das Verfügenlernen über einschlägiges Wissen ein. Die Menschen sollen schon von Jugend an lernen, als fragend-erkundende, verstehenwollend-lernende „Forscher" durch die Welt zu gehen.

6. Konsequenzen für die Prüfungen

Da vor allem das gelernt wird, was geprüft wird und was zu begehrten Berechtigungszertifikaten führt, bleibt eine Reform des Lernens Stückwerk, wenn sie nicht auch zu einer entsprechenden Reform der Prüfungen führt.

Es kommt dann auch beim Prüfen nicht mehr so sehr darauf an, möglichst viel Wissen gedächtnismäßig zu speichern und geschickt zu reproduzieren. Was künftig wichtiger wird, ist der Nachweis der Kompetenz zur sinnvollen Anwendung von verfügbarem Wissen (sowohl im eigenen Gedächtnis wie in medialen Datenspeichern) auf konkrete lebensnahe Aufgabenlösungen.

Das führt zu spannenden prüfungsdidaktischen Herausforderungen: Es ist sicher leichter, kodifiziertes Wissen und sein Verständnis abzufragen und das Ergebnis zu quantifizieren, d. h. zahlenmäßig zu benoten, als menschliche Kompetenzen festzustellen und zu bewerten. Dazu muss ein breiteres Arsenal von Prüfungsmöglichkeiten entwickelt und kreativ eingesetzt werden.

Ein wichtiger Ansatz dafür ist die Konfrontation mit konkreten Entscheidungs- und Handlungsanforderungen in lebensnahen – und z. B. über Medien eingespielten – Situationen, Problemkonstellationen, Aufgabenstellungen.

Wir brauchen sozusagen ein variables Baukastensystem oder Puzzle mit verschiedenen Wirkungs- und Wechselwirkungszusammenhängen, Ressourcen, Hindernissen, Rahmenbedingungen etc., so dass verschiedene Anforderungen, Bedingungen, Hilfsmittel, Faktorenkonstellationen und Lösungsmöglichkeiten jeweils zu verschiedenen Aufgaben- und Projektprofilen prüfungsdidaktisch zusammengebaut werden können.

Dabei spielt auch die Feststellung bestimmter Schlüsselkompetenzen, wie z. B. Eigeninitiative, methodische Kreativität, Kommunikations-, Konfliktlösungs- und Teamfähigkeit, Darstellungs- und Diskussionskompetenz, Verantwortungsbewusstsein etc., eine zunehmende Rolle.

In solchen Aufgabensituationen gilt es, durch gezielte Beobachtung nach kriterienorientiert-strukturierenden Beobachtungs- und Beurteilungsrastern herauszufinden:

- Wie reagiert ein Prüfling auf welche Anforderungen?
- Wie versucht er, bestimmte Probleme zu lösen bzw. eine bestimmte Faktorenkonstellation strategisch zu nutzen?
- Wie begründet er in konkreten Herausforderungssituationen die eigene Entscheidung, die getroffene Methodenwahl und die gewählte Verhaltensstrategie?
- Kann die Kandidatin/der Kandidat plausibel erklären, welche Entscheidungsalternativen eventuell noch in Frage kämen und warum sie jeweils nicht gewählt wurden?

Im technischen, wirtschaftlichen und im sozial- und verhaltenswissenschaftlichen Bereich kann dabei auch mit situativen Computersimulationen gearbeitet werden.

Ein klassischer Prüfungsfall ist auch die kritische Überprüfung einer bestimmten Hypothese oder Theorie durch die gemeinsame Suche nach Falsifizierungsfällen im Prüfungsgespräch.

Wichtig ist bei diesen offenen konkreten und ganzheitlichen Entscheidungsanforderungen immer auch die reflektierende Abwägung und Begründung und ihre Verteidigung im Diskurs mit prüfenden Experten.

Ein anderer besonders wichtiger prüfungsmethodischer Ansatz für eine lebensnahe Kompetenzfeststellung ist die Selbstdarstellung eines eigenen Arbeitszusammenhangs bzw. Bildungswegs durch die Kandidaten. Aus diesen Selbstdarstellungen sollte sich z. B. ergeben:

- Mit welchen Fragen hat sich ein Prüfling bisher selbst auseinander gesetzt?
- Was hat ihn dabei besonders interessiert und warum?
- Wie ist er die sich ergebenden Fragen jeweils angegangen?
- Welche Ergebnisse und welche Schwierigkeiten stellte er fest?
- Und wie ist er jeweils mit ihnen umgegangen?
- Warum hat er einen bestimmten Zusammenhang nicht weiter verfolgt?
- Was hat er zur weiteren Erkenntnisbildung noch geplant?
- Und welche Kompetenzen hat der Prüfling nach eigener Einschätzung auf diesem Bildungsweg erworben?

Das alles kann in einem „Portfolio", einem „Dossier" bzw. einem „Bildungsbuch" reflektiert dargestellt und dokumentiert werden und Grundlage für ein Prüfungsgespräch bilden. Für diese Selbstdarstellung und Selbsteinschätzung sollten möglichst auch strukturierte Anleitungs- und Musterbögen etc. zur Verfügung stehen.

Das entscheidende Kriterium dieser anderen Art der Prüfung ist ihre Lebens- und Erfahrungsnähe, die konkrete Demonstration und überzeugende sprachliche Darstellung eigener Interessen, eigener Lern- und Problemlösungsprozesse und entsprechender Kompetenzen, eigenen Denkens und Engagements und der Fähigkeit, sich in praktischen Lebens-, Arbeits-, Problem-, Entscheidungssituationen persönlich angemessen und verständig zu verhalten.

Wichtig ist es dabei auch, dass diese Prüfungen unabhängig von absolvierten Unterrichtskursen und Ausbildungsgängen möglichst unmittelbar die demonstrierten Kompetenzen festzustellen versuchen, d. h., dass „output-orientiert" geprüft wird, welche Kompetenz ein Prüfling jeweils hat – unabhängig davon, wann, wo und wie er diese Fähigkeiten erworben hat.

Durch diese vom Bildungsweg unabhängigen Kompetenzprüfungen sollen gerade auch die Ergebnisse eines Kompetenz entwickelnden informellen Lernens gleichberechtigt berücksichtigt und anerkannt werden.

So kann z. B. eine Frau, die Kinder großgezogen und neben Berufstätigkeit einen Haushalt organisiert hat, die dabei erworbenen pädagogischen, sozialen und Organisationskompetenzen feststellen lassen und anerkannt und eventuell angerechnet bekommen für ein einschlägiges ergänzendes und vertiefendes pädagogisches und/oder betriebswirtschaftliches Studium – was dann auch ein sinnvoller Beitrag zur Studienzeitverkürzung sein kann.

Das Ziel dieser offeneren Prüfungsausrichtung ist in erster Linie die Feststellung und Anerkennung vorhandener Kompetenzen und die motivierende Anregung zu notwendigen weiterführenden Kompetenzentwicklungen. Das heißt aber: Das fördernde Erschließen von individuellen Kompetenzentwicklungsmöglichkeiten wird wichtiger als eine Auslese, die auf Grund von Defizitfeststellungen die Zulassung zu weiterführenden Bildungsmöglichkeiten verschließt.

Dieser fördernde und ermutigende Charakter einer Kompetenzprüfung ist auch aus prüfungsrechtlichen Gründen geboten: Wenn eine Prüfung individuelle Weiterentwicklungsmöglichkeiten beschränkt, indem sie z. B. Zugänge zu weiterführenden Bildungswegen verwehrt, sollte sie möglichst auch rechtlich überprüfbar sein.

Je offener und situativ-ganzheitlicher aber die Kompetenzprüfungsverfahren sind, desto mehr kommen dabei subjektive Beurteilungskriterien ins Spiel. Diese Subjektivität kann zwar offen gelegt und nachvollziehbar gemacht und durch mehrere verschiedene subjektive Beurteilungen (das so genannte „Mehraugenprinzip") etwas ausgeglichen werden, aber die für Eingriffe in persönliche Bildungsrechte geforderte Objektivierung führt dann meist zu bürokratischen Regelungen, Verfahrensvorschriften und justiziablen Formalisierungen, die angestrebte Offenheit und Individualisierung der Kompetenzentwicklungsförderung erheblich einschränken können. Für solche bürokratischen Formalisierungen neuer Kompetenzprüfungen gibt es z. B. in England problematische Beispiele.

Das zurzeit gängigste Verfahren bei der Anerkennung von informell erworbenen Kompetenzen ist der Gleichwertigkeitsvergleich mit den Ergebnissen klassischer und bereits gesellschaftlich anerkannter Zertifizierungen. Aber das ist letztlich kein befriedigender Ausweg. Denn dadurch kann das informelle Lernen von andersartigen Ergebniserwartungen her auch zur Angleichung an die klassischen Lernwege und Lernformen gezwungen werden.

Wir müssen ein strukturelles Spannungsverhältnis zwischen ganzheitlicher Bildung und Kompetenzentwicklung auf der einen Seite und objektivierenden Prüfungs- und Testverfahren auf der anderen Seite akzeptieren. Wo nur noch das gelernt wird, was durch objektive Testverfahren geprüft werden kann, gehen wesentliche Dimensionen des lebenslangen Lernens verloren.

Das betrifft besonders auch geisteswissenschaftliche Interpretations- und Verstehenszusammenhänge, z. B. das nachdenkende Erschließen von Grundproblemen humaner Selbstbehauptung und Sozialität, wie es sich etwa aus der Beschäftigung mit Geschichte und Literatur ergeben kann.

Es ist aber ein wesentlicher Aspekt der lernenden Horizont- und Bewusstseinserweiterung, sich mit offenen anthropologischen Grundfragen auseinander zu setzen:

- Wie haben z. B. andere Menschen in anderen historischen und kulturellen Zusammenhängen ihr Menschsein und ihre Grundsituation als Mann oder Frau, als Herr oder Knecht, als arm oder reich in ihrer Welt gesehen und gedeutet?
- Was hat ihnen ihr kleines, scheinbar unbedeutendes Alltagsleben möglich und erträglich gemacht?
- Worin haben sie den Sinn ihres Lebens und Strebens gesehen?
- Wie haben sie sich jeweils mit ihrer Triebhaftigkeit, Gefährdetheit, Gebrechlichkeit und Endlichkeit auseinander gesetzt?
- Woran haben sie geglaubt und woran sind sie verzweifelt?
- Für welche Ziele/Ideale haben sie sich engagiert und wie ist es ihnen dabei ergangen?
- In welchen Formen der Gemeinschaft, der Ordnung, der Kommunikation, der Gewaltregelung haben sie jeweils soziale Verhaltensmuster und Friedensordnungen zu sichern versucht?
- Welche Balancen zwischen Egoismus und Solidarität, Anpassung und Widerstand, Hedonismus und Askese, Härte und Liebe, Selbstbehauptung und Hingabe, Glaube und Zweifel, Ideologie und Offenheit, Angst und Überheblichkeit etc. haben sie jeweils gefunden?

Das sind existenzielle Fragen, die zu allen Zeiten Menschen umgetrieben haben und die sie jeweils in verschiedenen historischen Zusammenhängen zu bestimmten Taten, Werken, Reflexionen, künstlerischen Darstellungen veranlasst haben. Und in der Auseinandersetzung mit diesen Zeugnissen aus Geschichte, Literatur, Kunst, Philosophie muss sich jede neue Generation ihr Welt- und Selbstverständnis entwickeln und ihre Urteilskategorien erarbeiten.

Auch diese Sinnfragen stecken in dem „natürlichen" Wissenwollen und in der existenziellen Lernmotivation der Menschen und sie dürfen nicht durch einen auf objektivierbare Evaluierungstests bezogenen Fakten- und Skalenfetischismus verdrängt werden.

Schließlich soll das erweiterte lebenslange Lernen vor allem ein gelingendes sinnerfülltes persönliches Leben ermöglichen – und das ist ein Lebenstest, den keine formalisierte Prüfung angemessen erfassen kann.

7. Erweiterte Kompetenzförderung

Bei diesen Kompetenzprüfungen geht es letztlich immer auch um persönliche Kompetenz*förderung*, um Entwicklungshilfe für Kompetenzen, deren Ansätze sich im Prüfungsverfahren abzeichnen, die aber noch nicht angemessen entwickelt erscheinen.

Der Lernende soll sich einerseits selbst – z. B. durch Portfolio-Aufzeichnungen – Rechenschaft geben lernen über den Stand seiner persönlichen Kompetenzentwicklung, und er soll andererseits auch durch Experten eruieren lassen können, welche Kompetenzbegabungen und Kompetenzprofile diese bei ihm erkennen und für besonders entwicklungsfähig halten oder besonders vermissen.

Letztlich kommt es beim erweiterten lebenslangen Lernen wie bei einem auf seine Ergebnisse bezogenen Prüfen darauf an, möglichst viele Menschen zu einem bewussteren lebenslangen Kompetenz entwickelnden Lernen anzuregen und möglichst viele brachliegende Kompetenzen zu entwickeln.

Nur wenn wir uns darauf konzentrieren, können wir in dem schon vor mehr als zwanzig Jahren vom Club of Rome beschriebenen Wettlauf zwischen immer komplexer werdenden Verhältnissen und unserer zurückbleibenden Lern- und Kompetenzentwicklung wieder etwas aufholen.

Für die angemessene Förderung dieses lebensnahen und lebenslangen selbst gesteuerten Lernens für alle und für die Anerkennung und angemessene Zertifizierung der dabei entwickelten Kompetenzen ist aber eine Strukturreform unseres Bildungswesens nötig, die den Rahmen der Schulen sprengt.

Denn dieses „natürliche" Lernen in den verschiedensten Lebenssituationen, in den verschiedensten Arbeits- und Erfahrungsbereichen und an den verschiedensten „Lernorten" muss jeweils auch ad hoc da, wo es sich entwickelt, die nötige Unterstützung und Anerkennung finden. Das aber bedeutet den Ausbau von lernenden Regionen, lernenden Kommunen, lernenden Betrieben, d. h. die Entwicklung einer offenen Lerngesellschaft und einer neuen allgemeinen Lernkultur.

Und das heißt dann z. B. auch: Statt den Schulunterricht weiter auszudehnen und als Art Ganztagsunterricht für alle durchzuführen, wird es darauf ankommen, junge Menschen anzuregen und ihnen dabei zu helfen, die außerschulische Lebens-, Arbeits-, Kultur-, Medien-, Wirtschaftswelt und Gesellschaft gezielter zu erkunden. Dazu genügen nicht die üblichen Klassenexkursionen, sondern es geht mehr um Erkundungspraktika in Betrieben, Ämtern, Kultur-, Versorgungs- und Sozialeinrichtungen, den verschiedensten öffentlichen und privaten Dienstleistungsunternehmen etc., und zwar mit gezielten, gemeinsam erarbeiteten Fragestellungen zu den einschlägigen Begründungen, Funktionen, Arbeitsweisen und Problemen der jeweils erkundeten Organisationen.

Und dann sollen die Schüler ihre Beobachtungen, Erfahrungen, kritischen Gedanken und eventuellen Veränderungsanregungen in der Schule plausibel darstellen, diskutieren und gegebenenfalls auch überzeugend in Bürgerinitiativen etc. einzubringen versuchen. Die dabei gezeigten geistigen, kommunikativen und sozialen Kompetenzen können dann auch wieder in Prüfungs- und Anerkennungsverfahren, in Portfolios etc. dokumentiert werden.

Es geht also weniger darum, das informelle Lernen „im Leben für das Leben" zu verschulen, als es draußen in der außerschulischen Welt anzuregen und zu unterstützen, um es dann in der Schule reflektierend aufzunehmen und auch als Kompetenznachweis anzuerkennen. Das heißt, wir müssen mit dem Lernen mehr hinaus aus den Schulen in das Leben und wir müssen dann mit den Ergebnissen dieses außerschulischen Lernens wieder hinein in die Schulen gehen.

Dadurch soll sich aus einem relativ beziehungslosen Nebeneinander zweier eigenständiger Lernformen ein neues Ergänzungs- und Befruchtungsverhältnis entwickeln. Das systematischere schulische Lernen sollte sich z. B. mehr aus praktischen Anschauungen, Erfahrungen und lebensnahen Erkundungen aus der außerschulischen Welt entwickeln, statt immer wieder relativ theoretisch und abstrakt anzusetzen. Dadurch könnte dann auch ein wesentlicher Beitrag zur Überwindung des berüchtigten „Praxisschocks" der Schul- (und Hochschul-)Abgänger beim Übergang in die außerschulische Lebens- und Arbeitspraxis geleistet werden.

Offensichtlich haben beide Lernformen, das formalisierte und das informelle Lernen, ihre Schwächen und Mängel – und ihre spezifischen Stärken. Und das fordert zu dem Versuch heraus, die Schwächen der einen Form durch korrespondierende Stärken der anderen zu kompensieren:

Das informelle Lernen ist zwar lebensnah, aber meist Stückwerk, zwar situations- und handlungsbezogen, aber in der Regel pragmatisch-unreflektiert.

Formalisiertes Lernen ist dagegen mehr systematisch geplant, sachlogisch sequenziert, nach Entwicklungsstufen differenziert, zweckbezogen institutionalisiert und rechtlich geregelt – aber dafür meist lebensferner und für die Lernenden uninteressanter.

Beim formalen Lernen dominiert das rezeptive Aufnehmen und Aneignen pädagogisch geordneten und aufbereiteten Wissens, beim informellen Lernen dagegen das aktiv suchende, anforderungsbezogen-erkundende Lernen, das aber auch immer wieder stecken bleiben und in auto-didaktische Sackgassen führen kann.

Und die Lebensferne des planmäßigen, institutionalisierten unterrichts-förmigen Lernens könnte wesentlich ausgeglichen werden, wenn sich das formalisierte Lernen stärker öffnet für die praktischen Erfahrungen und Probleme in der täglichen Lebens-, Arbeits-, Freizeit- und Medien-welt der Lernerinnen und Lerner.

Die sprunghafte Unmittelbarkeit des jeweils punktuelleren situations- und praxisbezogenen informellen Lernens könnte durch die ergänzende Einbeziehung eines systematischer orientierenden horizonterweiternden Überblickslernens weiter, konsistenter und zusammenhängender wer-den.

Wir sollten das Verhältnis zwischen formalem und informellem Lernen insgesamt so neu zu bestimmen versuchen, dass ihr Zusammenwirken das notwendige lebenslange Lernen der Menschen wirksamer anregt und fördert.

Dann kann sich auch im Bereich der Prüfungen ein fruchtbares Ergän-zungsverhältnis zwischen traditionellen Wissens- und Wissensverständ-nisprüfungen und mehr prozesshaften Kompetenzprüfungen entwickeln. Auch hier können die Vorzüge und Schwächen beider Formen ergänzend-kompensierend zu einem erweiterten Prüfungssystem zusammenkom-men, das den individuellen Voraussetzungen und Begabungen besser gerecht wird. Warum sollen sich die Selektions- und Kanalisierungs-funktionen klassischer Prüfungen und die Entwicklungsförderungsfunk-tionen der Kompetenzprüfungen nicht auch konkurrierend und ergän-zend nebeneinander entwickeln, um insgesamt eine offenere, breitere und gerechtere Anerkennung des vielfältig-verschiedenen persönlichen Kompetenz entwickelnden Lernens zu gewährleisten?

Lassen wir doch formale und informelle Formen des Lernens und Prüfens sich in fairem Nebeneinander entwickeln und bewähren statt uns in unfruchtbaren Entweder-Oder-Debatten zu verkämpfen.

Wir sollten schließlich bei allen notwendigen Reformen nie vergessen, dass Lehren, Lernen und Prüfen kein Selbstzweck sind. Sie müssen sich letztlich vor anthropologischen Sinnfragen verantworten. Und da geht es dann vor allem um ihren Beitrag zur Förderung und Anerkennung der Einsichten und Kompetenzen, die es den Menschen ermöglichen, in der heutigen Welt als Personen mit eigenem Verstehen und eigenem Verant-wortungsbewusstsein zurechtzukommen und ein gelingendes, persön-liches und soziales Leben zu führen.

EIKO JÜRGENS:

Vertrauenskultur und Lernidentitätsentwicklung im Zusammenhang schulischer Leistungserziehung

Schulischer Unterricht ist Ort systematischen Lehrens und Lernens und unterscheidet sich von außerschulischen informellen Lehr- und Lernsituationen in vielerlei Hinsicht, insbesondere durch seine grundsätzlich unaufhebbare „Künstlichkeit". Jedoch kann auf diese „Künstlichkeit" bildungstheoretisch und pädagogisch unterschiedlich reagiert werden. Beispielsweise im Sinne Hermann Gieseckes, der in der „Künstlichkeit" die Chance und Aufgabe der Schule sieht, sich vom gesellschaftlichen Leben und den Lebenserfahrungen der Schüler abzugrenzen bzw. diese im Interesse schulischer Allgemeinbildung auszublenden (Giesecke 1998).

Dagegen steht andererseits die lebensweltorientierte Pädagogik Hartmut von Hentigs (Hentig 1985) oder das „Konzept von der Schule als Lebens- und Erfahrungsraum" (Bildungskommission NRW 1995). Als Begründungszusammenhang für diese Position werden die veränderten Bedingungen des Aufwachsens von Kindern und Jugendlichen angeführt, der gemäß ein „Überdenken des Bildungsauftrags der Schule und eine Erweiterung ihrer Aufgaben in Bereiche hinein, die bisher als außerschulisch galten" (ebenda, S. 80), erforderlich wird. Schule ist nicht nur ein Aufenthaltsort, an dem die Schüler unter Absehung ihrer eigenen (außerschulischen) Erfahrungswelt und persönlichen Bedürfnisse (Lern)Zeit verbringen, weil dieses von ihnen verlangt wird. Sondern unumgänglich eine Schnittstelle zwischen schulorganisatorischer und -didaktischer Künstlichkeit einerseits und biografischen Denkmustern, lebensweltgeprägten (Sub-)Kultur- und Sozialstilen wie gegenwartsbezogenen Lebensproblemen, die die Schüler mitbringen, andererseits.

Schule ist, ob sie will oder nicht, Lern- und zugleich Lebensort, entscheidend ist deshalb vielmehr die Frage, wie sie ihr Verhältnis zur Lebenswelt ihrer Schüler und zur gesellschaftlichen Außenwelt bestimmen will. Entweder Erziehungs- und Bildungsprozesse in einer letztlich nicht durchhaltbaren Abschottung von gesellschaftlicher Außenrealität zu implementieren und damit eine doppelte Künstlichkeit schulischen Unterrichts zu intendieren, nämlich künstliche Inszenierung von Lernsituationen in einem von der Lebensrealität der Schüler (künstlich) abgekapselten Rahmen. Oder Erziehungs- und Bildungsprozesse innerhalb eines Konzepts der „Schule als Lern- und Lebensraum" durchzuführen.

1. Leitvorstellung von der Schule als Lern- und Lebensraum

Auf Grund der veränderten sozialen, kulturellen und ökonomischen Aufwachsensbedingungen heutiger Schüler, die auf die damit verbundenen Chancen, aber auch Risiken und Bedrohungen individuell unterschiedlich von zu Hause vorbereitet sind, bedarf es veränderter Anforderungen an eine zukunftsorientierte Bildung. „Zunehmend werden in der Gesellschaft Aufgaben auf das Individuum verlagert, die zuvor durch gesellschaftliche Strukturen, Instanzen und Konsens bewältigt worden sind" (ebenda, S. 77). Um die für die Bewältigung des gesellschaftlichen Wandels notwendigen Kompetenzen, Qualifikationen und Bildungselemente entwickeln zu können, muss sich Schule einem erweiterten Aufgabenspektrum stellen. Mit diesem kann zwar die Künstlichkeit des schulischen Lernens ebenfalls nicht aufgehoben werden (bzw. soll dies generell gar nicht angestrebt werden, weil darin je nach Situation auch didaktische Vorteile liegen), aber es kann in seiner apodiktischen Ausprägung durchbrochen und für außerschulische bzw. lebensweltliche Fragen zugänglich gemacht werden. Diesem Vorhaben entspricht die Auffassung von einer Schule als Lern- und Lebensraum, deren Argumentationsfigur gefolgt werden soll und der die folgenden Teilaufgaben zu Grunde liegen:

– „Wissensvermittlung und Persönlichkeitsbildung sollen zusammen gesehen, neu gewichtet und wieder zueinander in Beziehung gesetzt werden,

– fachliches und überfachliches Lernen müssen ins Gleichgewicht gebracht werden,

– soziales Lernen in der Erfahrung des Zusammenlebens und des Zusammenarbeitens von Kindern und Jugendlichen untereinander und mit Erwachsenen ganz unterschiedlicher Herkunft muss ermöglicht und bewusst gemacht werden,

– anwendungsorientiertes Lernen mit Bezug zu biografischen, historischen und umfeldbezogenen Erfahrungen wird unverzichtbar,
– das Finden der *eigenen Identität* (Hervorhebung – E. J.) und die
Achtung der Integrität anderer, der Respekt vor dem Andersartigen
müssen in der Schule gelebt werden können" (ebenda, S. 80).

Der Institution Schule wird ein Erziehungs- und Bildungsverständnis
unterlegt, das sowohl traditionell als auch zugleich fortschrittlich ist. Die
mit dem Konzept von der Schule als Lern- und Lebensraum einhergehende
Aufgabe, Identität in und durch Unterricht zu vermitteln, kann sehr wohl
als die Einnahme einer dezidierten Position in der seit Jahren andauernden
Debatte über das, worauf es der Schule in der Hauptsache ankommt, verstanden werden. Innerhalb dieser Diskussion vertritt beispielsweise Neumann die Auffassung, dass die Schule in einer Krise stecke, die durchaus
als eine Identitäts-Krise im doppelten Sinne des Wortes verstanden werden
könne: „Die Institution ‚Schule' ringt um ein neues Verständnis ihrer
selbst, und sie tut dies angesichts der von vielen Seiten an sie herangetra-
genen Nachfragen, ob sie noch fähig und willens sei, ihr traditionelles
Selbstverständnis einzulösen, nämlich Lernmodelle für die Ausbildung
von Ich-Identität bereitzustellen, zur Bewahrung von Identität der in der
Schule lernenden und lebenden Subjekte im Wandel der Generationen und
im Wandel der Verhältnisse" (Neumann 1997, S. 419). Unabhängig davon,
ob es in der unterstellten Durchgängigkeit diese Krisenhaftigkeit der
Schule überhaupt gegeben hat, woran durchaus Zweifel anzumelden sind,
vor allem was die konkrete Handlungsebene betrifft, lässt sich dennoch
festhalten, dass es mit dem Konzept der Schule als Lern- und Lebensraum
gelungen ist, eine zeitgemäße und modernitätsangemessene Antwort auf
die aufgeworfene Legitimationsunsicherheit dieser Institution zu geben.
Vermittlung identitätsstiftenden Lernens, Arbeitens und Bildens ist in der
Schule – heute und morgen – eine wichtige Teilaufgabe. Übrigens meint
ebenfalls Neumann einen weit gehenden Konsens darüber ausgemacht zu
haben, „dass eine humane Schule nur mit dem Konzept der Schule als
Lern- und Lebensraum eine Zukunftschance hat" (ebenda, S. 429), wo-
durch noch einmal dessen reformpädagogische Bedeutung unterstrichen
wird. Doch was ist nun hinsichtlich der anstehenden Thematik das Be-
sondere, das Modellhafte an diesem Konzept? Zwei Aspekte sind für die
Beantwortung dieser Fragestellung von vorrangiger Bedeutung. Erstens
werden die pädagogischen Postulate benannt, mit denen die Bildung von
(Lern-)Identität nicht nur möglich, sondern sichergestellt werden soll.
Zweitens wird damit die Verbindung zu einem weiteren neben der (Lern-)
Identität zentralen Begriff hergestellt, nämlich dem der Vertrauenskultur.

2. Lernkultur und (Lern-)Identität im Konzept der Schule als Lern- und Lebensraum

Eine Lernkultur entsteht aus dem Zusammenspiel des Handelns von Akteuren, also Lehrern und Schülern und dementsprechend entwickelt sich die Qualität einer solchen als gemeinschaftliches Erzeugnis. (Lern-)Kultur ist demnach nichts, das einfach wächst, das einfach da ist, sondern etwas, „das wir herstellen, indem wir uns im Medium von Finden, Erfinden und Gestalten bewegen" (Mittelstraß 2002, S. 155). Sie konkretisiert sich in der Qualität von Lerninhalten und Lernmöglichkeiten, der räumlichen Lernumgebung, dem Anforderungsniveau, den Erfolgschancen sowie der Förderung und nimmt das Unterrichts- bzw. Klassenklima als innerunterrichtlichen Umweltfaktor in den Blick. Der Wandel der Lernkultur erhält insbesondere mit der Änderung der psychologischen, pädagogischen und didaktischen Orientierungen seit Anfang der 80er-Jahre starke Impulse, „weil nicht mehr das Lernen und Lehren, sondern der lernende Schüler in den Mittelpunkt der wissenschaftlichen Forschung und des schulpraktischen Diskurses rückt. Ging es anfangs vor allem um das lernende Individuum, so geht es zunehmend mehr um den Lernenden in einem sozialen Kontext (…). An Stelle der traditionellen Lehrmethoden, der Lehrerdominanz, dem Lerndrill und der materiellen Bildung soll nunmehr eine humane, kindgerechte, demokratische Lernkultur verwirklich werden. Wahrlich ein gravierender Wandel …", soweit Weinert (Weinert 1997, S. 14).

Hierbei handelt es sich um eine in die Zukunft weisende Bestimmung des Lernkulturbegriffs, „der für das Bemühen steht, das Lehr-Lerngeschehen aus der Dominanz des Lehrverhaltens als Bestimmungsgröße zu lösen und das Lernhandeln der Lernenden stärker in den Vordergrund zu stellen" (Weinberg 1999, S. 98).

Folgt man dieser Einschätzung und teilt man dieses Verständnis von Lernkultur, dann zielt es darauf, „in den Lernzusammenhängen Identitätsfindung und soziale Erfahrung zu ermöglichen" (Bildungskommission NRW 1995, S. 82). Eine positive Lernidentitätsentwicklung wird u. a. in Zusammenhang gebracht mit der Bereitschaft zum lebenslangen systematischen, formellen Lernen. Lernidentität korrespondiert mit der wissenschaftlichen Erkenntnis des ganzheitlich Lernenden, worunter die mannigfachen Wechselwirkungen zwischen kognitiven, motivationalen und emotionalen Merkmalen im Verlauf und als Ergebnis des Lernens verstanden werden. Kurz: Schulisches Lernen ist mehr als reiner Wissenserwerb, nämlich stets auch Bedingung und Mittel der Persönlichkeitsentwicklung (vgl. Weinert 1997, S. 18; Helmke 1992; Pekrun/Schiefele 1996). Weil die „Fähigkeit, für sich und für andere Verantwortung zu übernehmen, ein wichtiges Element der Persönlichkeitsentwicklung (ist)" (Bildungskommission NRW 1995, S. 81), ist die Erziehung zur Verantwortung ein wichtiges Ziel innerhalb einer demokratischen Erziehung. Sich für jemanden „verantwortlich" fühlen heißt fähig und bereit zu sein, „antworten" zu können, wie wir bei Erich Fromm erfahren (Fromm 1998, S. 49). Junge Menschen zur Verantwortung zu erziehen, setzt Verantwortungsgefühl und „Achtung vor dem anderen" voraus. Sie bezieht sich darauf, „dass man ein echtes Interesse daran hat, dass der andere wachsen und sich entfalten kann" (ebenda).

Emanzipatorische Bildungsprozesse als Prozesse mündiger (Selbst)Verantwortung haben demgemäß Konsequenzen für die Inszenierung unterrichtlicher Interaktion und Kommunikation. „Gegenseitige Wertschätzung von Lehrenden und Lernenden ist Basis der Entwicklung und Förderung von Selbstachtung, Lernbereitschaft und Leistungsfähigkeit. Kinder, Jugendliche und Erwachsene sollen sich einander mit ihren unterschiedlichen Fähigkeiten, Interessen, Lebensvorstellungen, Wertschätzungen und Wertsetzungen in der Schule begegnen" (Bildungskommission NRW 1995, S. 81). Kinder und Jugendliche sollen sich in der Schule als Lern- und Lebensraum darauf verlassen können, nicht beschämt und in ihrer (Lern-)Individualität bedroht zu werden, deshalb benötigen sie „in der Schule sowohl zu ihrer Altersgruppe als auch zu den Lehrerinnen und Lehrern langfristig stabile Beziehungsmöglichkeiten, damit sie sich in der Schule wohl fühlen können, emotionale und soziale Sicherheit gewinnen, *Vertrauen* (Hervorhebung – E. J.) zu sich selbst und zu anderen entwickeln zu können" (ebenda, S. 84).

So wenig wie eine Lernkultur einfach da ist, einfach sich entfaltet und weiterentwickelt, genauso wenig wächst einfach eine Vertrauenskultur. Sie ist integraler Bestandteil der Lernkultur. Aber ihr Entstehen ist nicht allein davon abhängig, wie u. a. test- und interpretationsmethodisch kompetent Rückmeldungen und Evaluationen über Lern- und Leistungsprozesse bzw. Lern- und Leistungsergebnisse durchgeführt werden, wie mit diesen pädagogisch und didaktisch umgegangen wird, sondern vor allem von grundlegenden persönlichen Einstellungen und pädagogischen Überzeugungen.

Insbesondere auf den letzten Aspekt soll in den folgenden Überlegungen näher eingegangen werden. Dazu möchte ich in drei Schritten vorgehen. Erstens soll geklärt werden, was unter (Lern-)Identität zu fassen ist, um überhaupt Schlüssigkeit über das pädagogische (Lern-)Identitätskonzept herzustellen, das im Konzept Schule als Lern- und Lebensraum der Leistungserziehung zu Grunde liegen soll. Im zweiten Schritt möchte ich exemplarisch auf relevante Attitüden und pädagogische Deutungsmuster von Lehrern eingehen, die den Aufbau einer Vertrauenskultur von vornherein behindern bzw. verhindern (können). Im dritten und abschließenden Schritt sollen modellhaft Konsequenzen für die praktische Leistungserziehung gezogen werden.

3. (Lern-)Identität: Begriff und pädagogisches Konzept

Das hinter der Theorie und dem Begriff der Identität stehende Denkmodell geht von einer „lebensgeschichtlichen Einheit des Subjekts" aus (Bernhard 1999, S. 291). Identitätsentwicklung ist Teil des individuellen Sozialisationsprozesses und ebenso wie Sozialisation erfolgt sie als lebenslanger, prinzipiell offener und wandlungsfähiger Prozess (Bernhard 2002). Die Entstehung der Einheit der Person, die Herausbildung eines Identitätskerns, der unser Handeln und Selbstverständnis als Subjekt durchwirkt, korrespondiert mit der Entwicklung eines Glaubens an uns selbst. „Wir sind uns der Existenz eines Selbst, eines Kerns unserer Persönlichkeit bewusst (…). Dieser Kern ist die Realität hinter dem Wort ‚Ich', auf der unsere Überzeugung von unserer Identität beruht. Wenn wir nicht an die Beständigkeit unseres Selbst glauben, gerät unser Identitätsgefühl in Gefahr, und wir werden von anderen Menschen abhängig, deren Zustimmung dann zur Grundlage unseres Identitätsgefühls wird" (Fromm 1998, S. 185). Um die Aussagen zum Glauben verstehen zu wollen, muss zwischen dem *rationalen* und *irrationalen* Glauben differenziert werden. Unter einem irrationalen Glauben, beispielsweise an eine Person oder Idee, ist ein Verhalten zu verstehen, „bei dem man sich einer irrationalen Autorität unterwirft. Im Gegensatz dazu handelt es sich beim rationalen Glauben um eine Überzeugung, die im eigenen Denken oder Fühlen wurzelt" (ebenda, S. 182). Rationaler Glaube ist im „produktiven, intellektuellen und emotionalen Tätigsein" verankert. Er ist eine „wichtige Komponente des rationalen Denkens, in dem er angeblich keinen Platz hat" (ebenda, S. 183). Der Glaube an sich selbst ist genau genommen Bildungsarbeit, die von der Idee eines selbstbestimmten Subjekts getragen wird. Pädagogisch begleitet und unterstützt wird die auf Autonomie und Mündigkeit gründende Identitätsstiftung durch die Auseinandersetzung mit Gegenständen, Personen und Handlungen, die zur Nachdenklichkeit und Entscheidungsfähigkeit in Sinn- und Wertfragen führen (vgl. Neumann 1997, S. 430).
Um nicht einem „irrationalen" Glauben, an was oder wen auch immer,

anheim zu fallen, ist die Entwicklung von Widerstandsfähigkeit des Subjekts eine zentrale Voraussetzung pädagogischer Identitätsarbeit und damit einer gelingenden Subjektwerdung.

4. Widerstandsfähigkeit als zentrale Kategorie von Identität

Diese von Bernhard in die Diskussion eingebrachte Einschätzung (vgl. Bernhard 2002) wird geteilt. Die Kategorie der Widerstandsfähigkeit verbindet den Prozess der Identitätsentwicklung mit der klassischen Bildungsidee in Anlehnung an die Aufklärung, derzufolge Individuen befähigt werden sollen bzw. sich selbst befähigen sollen, sich aus selbstverschuldeter Unmündigkeit zu befreien und den Mut finden sollen, sich ihres Verstandes zu bedienen. „Widerstandsfähigkeit steht im Prozess der Emanzipation in einem systematischen Zusammenhang zur Mündigkeit der lernenden Subjekte. Die Dimension des Widerständigen ist im Begriff der Mündigkeit insofern grundlegend enthalten, als dieses auf Abwehr heteronomer Einflüsse gerichtete Vermögen die Voraussetzung für mündiges Handeln ist. Widerstandsfähigkeit besteht in dem Vermögen, sich von gesellschaftlichen Vereinnahmungstendenzen nicht überwältigen zu lassen. Sie soll Kinder und Jugendliche dazu befähigen, Wachsamkeit und Sensitivität gegenüber der Manipulation ihrer Bedürfnisse und Interessen und dem Wirksamwerden gesellschaftlicher Pathologien aufzubieten. Widerstandsfähigkeit soll vor dem ständig drohenden Rückfall der ontogenetischen Regression in vorrationale Stadien der Subjektentwicklung bewahren. Kinder müssen mehr denn je *widerständiges Subjektvermögen* (Hervorhebung – E. J.) erwerben, sie müssen eine *innere Gegenmacht* (Hervorhebung im Text) gegen das permanent auf sie einwirkende, manipulative Beeinflussungspotenzial konstituieren" (ebenda, S. 8). Die schulpraktische Implementierung der pädagogischen Kategorie Widerstandsfähigkeit impliziert notwendigerweise neben der Akzeptanz der dem klassischen Bildungsbegriff entlehnten bildungstheoretischen Prämissen (vgl. Klafki 1991; Wehnes 2001) die Verpflichtung auf eine kritische Erziehung.

Der ursprünglichen Bedeutung des lateinischen Educare folgend heißt Erziehung, (zu) etwas „herauslocken", „herausführen" bzw. „heranführen"[23]. Die Idee pädagogischer Identitätsentwicklung ist konstitutiv

---

23 Vgl. zum pädagogischen Führungsbegriff: Standop/Jürgens 2003.

gebunden an ein Herauslocken zu geistiger und moralischer Selbstständigkeit, Erziehungs- und Bildungsprozesse, die das Individuum „stark machen gegen den Systemzwang" (Hentig 1993, S. 264), urteilsfähig machen gegenüber Manipulation und Herrschaft und nachdenklich machen gegenüber jeder Art von Sinnorientierungen und -angeboten.

Insbesondere hinsichtlich der Entwicklung von Lernidentität spielt die Legitimations- und Sinnfrage schulischen Lernens eine entscheidende Rolle. Da nach Peccei die meisten Schwierigkeiten in schulischen Lernprozessen auf die Vernachlässigung des Sinnbezugs zurückzuführen sind (vgl. Peccei 1983), gewinnt unter dieser Perspektive die Legitimierung schulischer Lerngegenstände an prinzipieller Bedeutsamkeit. Schule muss nachweisen können, dass ihre Bildungsangebote subjektiv Sinn machen. Wenn sie dies nicht kann, diesen Anspruch verweigert oder einfach übergeht, muss sie nicht nur mit berechtigten Widerständen rechnen, sondern – und dies ist ein schwieriger Gedanke – selbst zum Widerstand herausfordern, wenn sie sich nicht im Widerspruch zur eigenen Pädagogik – einer auf Widerstandsfähigkeit beruhenden Subjektwerdung ihrer Schüler – begeben will und damit nicht nur unglaubwürdig macht, sondern selbst auf machtautoritative Kategorien von Manipulation und Herrschaft zurückgreifen muss. Gelingende Lernidentitätsentwicklung im schulischen Kontext ist hingegen auf Lernen angewiesen, in dem Schüler Sinn sehen, mit dem sie Sinn konstituieren können oder durch welches sie Sinn vermittelt bekommen (vgl. Bönsch 2002, S. 8 f.), und zwar in Bezug zu einer Erziehung zur Selbst-, Mitbestimmungs- und Solidaritätsfähigkeit (vgl. Klafki 1991).

5. (Lern-)Identitätsentwicklung im Kontext von Lehrereinstellungen und pädagogischen Deutungsmustern

Es ist schon viel darüber geschrieben worden, dennoch scheint sich nur langsam eine andere Sicht des Phänomens durchzusetzen. Gemeint ist der Umgang mit dem Fehler in der Schule. Obwohl längst bekannt ist, dass Lernen heißt Fehler zu machen, ist es gerade der Fehler, auf den (noch) allzu oft die Schularbeit fokussiert wird. Niemand hat das provokanter herausgearbeitet als Mönninghoff, indem er konstatiert: „Das System Schule schafft es hervorragend, den Schüler genau auf diesen Faktor ‚Fehler' zu reduzieren, den wesentlichen Aspekt, das *Lernen* (Hervorhebung im Text), dabei außen vor zu lassen. Dieser Druck bewegt den

Schüler tendenziell, Fehler vermeiden zu wollen. Die Konsequenzen sind einschneidend. Mit dieser Haltung wendet sich der Schüler der Sicherheit zu, Risiken werden vermieden. So stirbt die Neugier, das ‚Sich-dem-Neuen-Zuwenden', denn Neues beinhaltet Risiko. Anders gesagt: in der Schule wird Lernen und Lernenwollen *bestraft* (Hervorhebung – E. J.). Belohnt wird das Streben nach Sicherheit" (Mönninghoff 1992, S. 40 f.). Einer der Hauptgründe dafür, dass Lehrer oft nolens volens die Rolle des „Fehlersuchers" einnehmen, dürfte in einem geradezu unbedarften Umgang mit der Beurteilungsfunktion zu finden sein. Statt prinzipiell und für alle Beteiligten sowohl transparent als auch verlässlich zwischen Lern- und Prüfungssituationen zu unterscheiden, wird der Unterricht regelmäßig zur Bühne eines verwirrenden Schauspiels.

Greifen wir einmal die in Deutschland am häufigsten verwendete frontale Instruktionsform heraus, das fragend-entwickelnde Unterrichtsgespräch. Eigentlich eine *typische Lernsituation.* D. h. Fehler der Schüler sind bei der gemeinsamen lehrer(an)geleiteten Erarbeitung einer neuen Lernproblematik schlichtweg unvermeidlich. Lernpsychologisch betrachtet sind „Fehler momentan optimale Lösungswege" (Guldimann 2003). Statt ausschließlich, soweit diese Unterrichtsorganisation dies überhaupt zulässt (Jürgens 2002, S. 7 ff.), mit dem Fehler konstruktiv umzugehen, indem Fehleranalyse betrieben würde, geschieht meist das Gegenteil und damit wird der Fehler zur Falle für den betreffenden „Fehler machenden" Schüler. Die Fehlerklärung tritt in den Hintergrund und vordergründig geht es dann um die Registrierung des Fehlers als „Leistungsmangel", der meist direkten Eingang in die Halbjahreszensur der mündlichen Beurteilung findet.

Schüler müssen sicher sein, dass Lernen „prüfungsfrei" stattfindet, sie müssen darauf „vertrauen" können, dass in Lernzusammenhängen gemachte Fehler sich nicht doch irgendwie in der Leistungsbeurteilung niederschlagen. In Prüfungssituationen geht es um den Nachweis fehlerfreien Könnens, aber in Lernsituationen darum, eine Lernproblematik zu überwinden, egal wie viele Um- und Irrwege dabei gegangen werden müssen.

Die Wahrnehmung der Aufgabe zur mündlichen Beurteilung macht besonders anfällig dafür, Unterricht in eine permanente Prüfungssituation zu verwandeln. Eine falsch verstandene Anreiz- und Motivationsfunktion wie gleichfalls eine missbrauchte Disziplinfunktion der Zensurengebung dürften ein derartiges Lehrerverhalten noch zusätzlich unterstützen. Doch darüber hinaus dürften eingewurzelte pädagogische Einstellungen in diesem Zusammenhang einen sehr viel stärkeren Einfluss ausüben.

Im Kontext der Bedeutung der pädagogischen Einstellungen der Lehrer für das Wohlbefinden und die Lernhaltungen einer Schulklasse ist Fend relevanten Überzeugungen, Attitüden und Werthaltungen nachgegangen (vgl. Fend 1998). Im Mittelpunkt standen u. a. (überdauernde) pädagogische Weltbilder, die man als allgemeine Menschenbilder auffassen und kontrastierend als pessimistisch oder optimistisch bezeichnen kann. „Lehrerschaften mit einem pessimistisch-realistischen Menschenbild betonen deutlich stärker autoritatives Durchgreifen, sie halten den Menschen für weitgehend genetisch festgelegt, betonen die Bedeutung von Eliten, identifizieren sich mit einer leistungsorientierten Auslese, (…), können Unsicherheiten und unklare Regelungen wenig tolerieren und glauben, dass Strafen und gelegentlich hartes Durchgreifen in der Erziehung unumgänglich sind. Lehrer mit einem idealistisch-humanistischen Menschenbild bilden die Gegenfolie zu diesen Deutungsmustern der Wirklichkeit" (ebenda, S. 285). Außerdem tendieren Lehrer mit einer (mehr) positiven Grundhaltung dazu, die Vernunft- und Selbstbestimmungsfähigkeit von Menschen zu betonen. Insgesamt bestätigt sich empirisch die Einschätzung, „dass für die Schulhauskultur und für die pädagogische Kultur des Umgangs miteinander in jeweiligen Klassenzimmern die *Schule im Kopf* (Hervorhebung im Text), die Deutungsmuster der schulischen und erzieherischen Wirklichkeit bei Lehrern eine große Rolle spielen" (ebenda, S. 315). Bezüglich der Leistungserziehung ist deshalb zu erwarten, dass es eindeutige, aber spezifische Zusammenhänge zwischen den habituellen Deutungsmustern der Lehrer und der Lernkultur, sowohl hinsichtlich der Qualität als auch der erzieherischen Schwerpunktsetzungen, geben wird. Fend hat z. B. mit seiner Forschung gezeigt, dass sich unter einer untersuchten, extrem negativen Lehrergruppe keine einzige Person befand, die das Amt des Verbindungs- bzw. Vertrauenslehrers inne hatte. „Ihr abgrenzend-ausgrenzendes Verhalten erzeugt so viel Distanz, das sich Schüler keine Vertrauensbeziehung vorstellen können" (ebenda, S. 310).

Aus dem Gesagten kann zusammengefasst vermutet werden, dass je stärker die habituellen pädagogischen Deutungsmuster mit dem Syndrom des negativen Menschenbildes übereinstimmen, und das Phänomen des Umgangs mit dem Fehler kann vermutlich durchaus auch unter dieser Perspektive betrachtet werden, desto weniger wird die Lernkultur von Selbst- und Mitbestimmung, Autonomie und Mündigkeit, Vertrauen und Offenheit, Solidarität und Demokratie getragen werden. Desto weniger groß ist weiter die Chance für Schüler, einen Unterricht zu erfahren, in dem Prozesse der „Suchbewegung" (Neumann 1997, S. 433) und der „Nachdenklichkeit" (Mittelstraß 2002, S. 163), die entscheidend für das

Gewinnen von (Lern-)Identität sind, selbst pädagogisch-didaktisch grundlegend sind. Allzu oft dürfte stattdessen Nachdenklichkeit durch Anpassungskompetenz, zum Beispiel zum Zweck der Fehlervermeidung, ersetzt werden. „Nachdenklichkeit aber ist ein wesentliches Moment jeder Orientierungsbemühung" (ebenda).

6. Leistungserziehung in der Schule als Lern- und Lebensraum

Weil Lernen und Leisten unmittelbar aufeinander zu beziehen sind, darf die schulische Lernkultur nicht mit der schulischen Leistungskultur oder umgekehrt in Konflikt geraten, beide sollten miteinander kompatibel sein. Das derzeitig allgemein anerkannte mehrdimensionale Lernkompetenzmodell mit den Ankerkompetenzen von Sach-, Methoden-, Ich- und emotional-sozialer Kompetenz korreliert mit einem gleichfalls mehrdimensionalen Leistungsbegriff (vgl. Jürgens 2000). Das fundamental *Pädagogische* erhält dieser Leistungsbegriff nicht allein durch seine Mehrdimensionalität, d. h. beispielsweise die gleichwertige Anerkennung von Prozess und Produkt oder die Akzentuierung von anwendungsbezogenem Wissen und die Zunahme von Handlungskompetenz wie die Ausbalancierung von Autonomie und Sozialität.

Ebenso wichtig für die Reklamierung eines schulischen Leistungsverständnisses als pädagogisches dürfte die Antwort auf die Frage sein, wie in der Schule die gesellschaftlich berechtigten Leistungsforderungen mit den individuellen Bedürfnissen und Lernvoraussetzungen der Schülerinnen und Schüler in Einklang gebracht werden. Dies ist zu allererst eine Frage nach der Humanität von Schule im Allgemeinen und von schulischen Leistungserwartungen im Besonderen. Der Reformpädagoge Peter Petersen hat in diesem Zusammenhang etwas zeitlos Gültiges gesagt, das oft genug in Vergessenheit zu geraten scheint. „Kinder sind nicht zuerst unterrichtsbedürftige Wesen, sondern Menschenkinder". Für die Realisierung einer menschengemäßen Pädagogik sind Würde, Achtung und Selbstachtung, Ermutigung, Herausforderung, Geborgenheit etc. leitende Werte. Die Erfahrung des „Anerkanntseins", für sein Tun „gewürdigt" und „geachtet" zu werden, das sind „natürliche" Bedürfnisse jedes Menschen, ganz gleich, ob es sich um einen jungen oder älteren handelt. Die Würde des Menschen ist unantastbar! Dieser freiheitlich-demokratische Grundsatz gilt überall, er ist unteilbar. Er gilt innerhalb und außerhalb der Schule. Gleiches gilt für das Recht des Lernenden auf Achtung. Jemanden achten setzt Achtsamkeit voraus. „Wer von uns Erwachsenen könnte auch nur ein Jahr ohne gesundheitliche Schäden überleben, wenn man täglich sagen würde, dass er in seinem Beruf nichts tauge. Das aber muten wir Kindern bestimmter Leistungsprofile und Lerntempi zu. Und wir muten es ihnen zu, bevor sie erstmals Vertrauen in das eigene Können aufgebaut haben", sagt der Hildesheimer Schulpädagoge Cloer in Bezug auf die Grundschule (Cloer 1991). Das Problem ist in den anderen Schulformen recht ähnlich. Erforderlich ist eine Kultur der Anerkennung (vgl. Heitmeyer 2000, S. 9), denn es ist kaum vorstellbar, „dass eine widerstandsfähige Identität allein durch Bildung, durch Einsicht und Aufklärung entsteht, wenn sie nicht parallel von der Erziehung wechselseitiger Anerkennung unterstützt wird" (Bernhard 2002, S. 10).

Demgegenüber liegt der Sinn einer humanen schulischen Leistungserziehung in der Vermittlung und Bestärkung von subjektiv bedeutsamen Könnenserfahrungen, die zur Mündigkeit, Selbst- und Mitbestimmungsfähigkeit führen. Die Entwicklung einer Kultur des Lernens bei anspruchsvollen Leistungserwartungen zielt darauf ab, Identität in Lern- und Arbeitsarrangement mit wachsender Eigenverantwortlichkeit und Selbstregulierung zu ermöglichen. „Lernsituationen und Lernvorgänge sollen so angelegt sein, dass sie zu Fragen der Grundorientierung, der Identitätsfindung und der Befähigung zur Auseinandersetzung mit Grundwerten und Normen herausfordern, so dass die Urteilsfähigkeit gegenüber persönlichen und gesellschaftlichen Fragestellungen und Problemen entwickelt, gefördert und geschärft wird" (Bildungskommission NRW 1995, S. 84). Nicht nur Sinnhaftigkeit und Anwendungsbezug des Lernens und Leistens müssen erfahrbar und akzeptierbar sein, sondern reflexive Nachdenklichkeit kann ebenso zur begründeten Zurückweisung gesellschaftlicher Leistungsanforderungen führen bzw. soll explizit als reflexive Widerstandsfähigkeit dazu instand setzen.

Systemänderungen als Antwort auf PISA

1. „Das System erzieht auch!"[24]

Die Schulpolitik ist von den schlechten Ergebnissen Deutschlands im „Program for International School Assessment" aufgeschreckt worden und plant eine Reihe von Maßnahmen, um die Verhältnisse zu bessern. Vor Systemänderungen jedoch schreckt sie zumeist zurück. Dabei wären diese in der Einschätzung durch internationale Beobachter der wirksamste Hebel, um das in den Untiefen der Mittelmäßigkeit dahin tuckernde Schulschiff auf Hohe See zu lotsen. Finnland und die anderen Siegerländer aus Skandinavien und z. T. auch aus Übersee

- verwenden bis in hohe Jahrgangsstufen des Pflichtschulalters keine Ziffernnoten,
- sie verzichten auf die Selektion der Schüler in der Sekundarstufe I (keine Sortierung der Zehnjährigen) und
- sie überantworten wesentliche Entscheidungsbefugnisse an die Basis, also an Schulregierungen am Ort.

Sie haben früher als wir begonnen, das Schulsystem daraufhin zu analysieren, ob denn seine Strukturgegebenheiten und die Leitvorstellungen von guter Schule in der Tat auch kompatibel seien. Nachdem sie festgestellt hatten, dass von den „Erfindungen" der polit-bürokratischen Verwaltungsorganisation Verfälschungen und Störungen der pädagogischen Sinnrichtung und der ihr zugeordneten Handlungsmuster ausgingen, haben sie radikale Strukturveränderungen durchgeführt. Es ist an der Zeit, dass auch wir unser paternalistisch gesteuertes, von polit-bürokratischen Denkformen konstruiertes Schulsystem durchforsten und die trojanischen Pferde eliminieren, die von fremden Mächten in die Schulhöfe eingeschleust worden sind. Nicht generelle Bürokratieschelte ist es, die nach Flurbereinigung rufen lässt, sondern die Tatsache, dass bürokra-

---

24 Sinngemäß nach Bernfeld 1973 (1925) S. 28.

tische Denkformen den Gesetzmäßigkeiten im pädagogischen Terrain so wenig gerecht werden, wie es die pädagogischen Denkformen auf dem Felde der Verwaltung könnten.

Die Diskrepanz zwischen den bürokratischen und den pädagogischen Denkformen lässt sich mit folgender Gegenüberstellung charakterisieren:

– Die formale Organisation der Bürokratie legt soziale Distanz nahe. – Der Erziehungsprozess ist auf emotional gestützte Identifikation angewiesen (Fend 1980, S. 234).
– Der Bürokrat lebt im Geiste institutionalisierten Misstrauens. – Der Erzieher ist auf risikoreiches Vertrauen angewiesen.
– Bürotechnik muss rationalisieren. – Die Pädagogik hat es mit dem Motivieren zu tun.
– Das bürokratische Funktionieren des Verwaltungsapparates basiert auf der möglichst perfekten Reglementierung aller Vorgänge, es hat eine Präferenz zur Vereinheitlichung und Kontrolle. Es passt optimal dort, wo es sich um uniforme Repetiertätigkeiten handelt. – Unterricht und Erziehung leben vom persönlichen Anspruch und gelingen am besten im Dialog. Die Individualität des menschlichen Antlitzes kommt überall besser zum Ausdruck als dort, wo man in Reih' und Glied zu stehen hat.

Nach Max Weber ist die Trennung der Amtswaltung vom sterblichen Ich eine Vorbedingung für das Funktionieren der bürokratischen Organisationsform, die er „eine Erfindung gleich einer Maschine" genannt hat (Weber 1972, S. 128). Wenn beispielsweise die Geschäfte der Finanz-, Justiz- und Militärverwaltung verlässlich und zeitgerecht erledigt werden sollen, dann darf es keine Beeinträchtigung durch menschliche Gefühle und Leidenschaften geben. Wegen der Spaltung von Amt und Person als Charakteristikum bürokratischen Handelns kann der Standesbeamte vor dem Gesetz gültig Ehen schließen, auch wenn er selbst von der Ehe nichts hält. – Wie aber soll ein Lehrer für ein Lied begeistern können, das er selber nicht hören mag, für ein Buch, von dem er nicht fasziniert ist? Wie soll er zur Demokratie hinführen können, wenn er im Herzen ein Faschist ist?

2. Störungen des genuin Pädagogischen durch Fremdeinwirkung

Die Folgen der Kolonialisierung der pädagogischen Insel durch die bürokratische Spielform der Macht werden im Folgenden an drei Störfällen exemplifiziert.

2.1 Störfall Ziffernnote

2.1.1 Die Defizite der Ziffernnote

Im Laufe des 19. Jh. hat der bürokratische Staatsapparat – selbstverständlich unter politischem Diktat – die Ziffernnoten als verpflichtende Form der Leistungsbeurteilung der Schule übergestülpt. Einsichtige Pädagogen haben von vornherein und immer wieder energisch protestiert (vgl. Paulsen 1921). Karlheinz Ingenkamp, der die Kritik an der Ziffernnote mit empirischen Forschungsdaten hieb- und stichfest untermauert hat, fragt am Ende des 20. Jh.: „Wann sagen wir ehrlich, dass kein Lehrherr aus den Zeugnissen eine vergleichbare Aussage über die Schulleistung von Schülern aus verschiedenen Klassen entnehmen kann? Wann geben unsere Universitäten zu, dass es unsinnig ist, unter zwei Bewerbern aus verschiedenen Schulen, Städten oder gar Bundesländern einen nach den Abiturnoten auszuwählen?" (Ingenkamp 1995[9], S. 200). Obwohl also der Umgang mit Ziffernnoten einem Spiel mit gezinkten Karten gleicht, misst die Schule den Schülern und Schülerinnen mit diesem unsauberen Besteck nach wie vor Lebens- und Sozialchancen zu und wird damit höchst ungerecht.

Die Ziffernnoten sind ein feindlicher Agent im Reich des Lernens! Die Schüler werden nicht ermuntert, um der Sache willen zu lernen, sondern um der Note willen. Die Note gilt, auch wenn sie erschwindelt ist. Außerdem erfüllt die ständige Sorge um den Rangplatz die Schüler mit Angst, die zu psychosomatischen Störungen und im Extremfall sogar zum Selbstmord führen kann. – Darüber hinaus lässt die für die Notenfindung unabdingbare „ständige Beobachtung" die forschende Grundhaltung der Schüler verkümmern, da doch jede falsche Vermutung (falsifizierte Hypothese) gegen sie verwendet werden kann.

Die Ziffernnote liefert das Individuum an das Kollektiv aus! Sie kann gar nicht anders als dass sie die Leistung des einzelnen Schülers im Hinblick auf die anderen bzw. auf das Mittelmaß der Klasse beurteilt. Dies vergiftet das soziale Klima: Das vom System vorprogrammierte Rivalisieren provoziert auf der einen Seite Eifersucht und Neid und auf der anderen Überheblichkeit und Schadenfreude. Diese hässlichen Gefühle blockieren die Hilfsbereitschaft und verhindern Kooperation.

Die Ziffernnote und die Individualnorm schließen einander aus! Wenn sich ein begabter Schüler auf die „faule Haut" legt und das Jahr über kaum etwas hinzulernt, ist seine Arbeitsleistung – in dem an der Individualnorm ausgerichteten Urteil – nicht einmal als „genügend" zu bezeichnen. Der unermüdliche Einsatz eines schwach Begabten und der für seine Verhältnisse respektable Zugewinn müssen als „gut" oder gar „sehr gut" beziffert werden. – Wo bleibt dann aber die Lauterkeit der Aussage gegenüber dem Außenstehenden (vgl. die Berichts- und Berechtigungsfunktion des Zeugnisses), wenn doch die tatsächlichen Kenntnisse und Fertigkeiten des faulen Begabten die des fleißigen schwach Begabten immer noch deutlich hinter sich lassen?

Die Ziffernnote gönnt dem Schwachen keinen Erfolg: Wenn sich der schicksalhaft Benachteiligte von der schlechten Note nicht entmutigen lässt und angestrengt weiterlernt, kommt er voran. Die anderen, die ihm überlegen sind, kommen aber auch voran. Seine in der Relation zum Mittelmaß der Klasse vergebene Note bleibt unweigerlich schlecht und die Afterposition im Geleitzug der Schülerschar bleibt Afterposition! Unter solchen Bedingungen kann sich kein Selbstwertgefühl aufbauen. Weil aber niemand ohne Anerkennung leben kann, besteht die Gefahr des Abgleitens in die Clique (vgl. Skinheads etc.). In ihr kann man zur Geltung kommen – freilich mit Handlungen, die einer anderen Moral folgen als der von Elternhaus und Schule.

Die Ziffernnote stört den pädagogischen Bezug zwischen Lehrern und Schülern. Die Rolle des Lehrers hätte die des Trainers zu sein, des Helfers und Förderers. Wenn er sie mit der des (Kampf-)Richters vertauscht, wenn er sich auf das Diagnostizieren und Urteilen oder besser „Aburteilen" verlegt, beginnen ihm seine Schüler zu misstrauen. Sobald der Lehrer den „Spezi" herausnimmt, kündigt er gewissermaßen die Freundschaft auf. Die Ziffernnote birgt in sich auch die Verführung, dass sie als Waffe missbraucht wird oder gar als Instrument des Zynismus und des Sadismus. Sie beeinträchtigt nicht selten auch das Vertrauen der Eltern zu den Lehrern; in manchen Fällen werden sogar die Gerichte befasst.

2.1.2 Die „Direkte Leistungsvorlage" als Alternative:

Die einzige grundlegend andere Alternative, die eine Art Befreiungsschlag vollzieht, ist die „Direkte Leistungsvorlage" (Vierlinger 1999). Sie löst sich von dem Schema, gemäß dem der Lehrer die Leistung des Schülers chiffriert (in Ziffern oder verbale Berichte und diverse Tabellen) und der außenstehende Adressat (Firmenchef, nachfolgende Schule etc.) sie dechiffrieren muss. Weil die „Direkte Leistungsvorlage" (DLV) – auch Portfolio genannt – den Adressaten nicht mehr entmündigt, stellt sie eine Art kopernikanische Wende dar: Sie legt ihm keinen Stellvertreter der Leistung vor (diverse Codes), sondern diese selbst (exemplarisch ausgewählte Belegstücke des erreichten Leistungsniveaus: Arbeiten aus der Mathematik, Texte aus Deutsch und den Fremdsprachen, Arbeitsblätter, Projekte, Leselisten, Auflistung der gelernten Lieder mit Beispielen der individuellen Notenkenntnisse, Daten aus der Leibeserziehung, Kassetten mit Dokumenten der mündlichen Ausdrucksfähigkeit u. a.). Trotz ihrer radikalen Andersartigkeit bezieht die DLV die Vorteile der verbalen Beurteilung mit ein (Lehrerkommentare zu den einzelnen Belegstücken) wie auch die der Lernziellisten, die gegebenenfalls zur Orientierung beigelegt werden können.

Diese mittlerweile in einer wachsenden Zahl von Schulversuchen erprobte Alternative

– steht ausdrücklich im Dienste der Leistung: Diese selbst wird vorgelegt und kein Surrogat. (Gefragt wird nicht mehr: „Welches Zeugnis hast du?", sondern: „Was kannst du?")
– Die gesamte Schulzeit des Jahres dient der Qualifizierung; es gibt keinen Verlust, wie ihn die ominösen Prüfungszeiten verursachen.
– Der Lehrer steht den Kindern ständig in seiner Rolle als Trainer und Helfer zur Seite.
– Den Lehrer zu betrügen wird witzlos; die Schüler betrögen sich selbst.
– Die Schüler müssen nicht mehr danach trachten, ihre Nachbarn zu übertreffen, sondern sich selbst.
– Der Verdacht der Eltern auf Ungerechtigkeit wird gegenstandslos; sie sehen die Leistung vor sich – niemand hat sie hinter einer Note versteckt.
– Jeder individuelle Leistungszuwachs wird dokumentiert, so dass auch der Schwache zu seinem Erfolg kommt, der das Erfolgreichste ist, was es gibt.
– In der Schulklasse ist ständig ein Auditorium zur Verfügung, das für den notwendigen Applaus sorgt. Er ist wirksamer als die vom Lehrer vergebene Note.
– Niemandem wird ein X für ein U vorgemacht: Nichts ist sachlicher (korrekter) als die Sache selbst.
– Die skizzierte Alternative kann auch zu einer Versachlichung der Überstiegs- und Aufnahmeprozeduren führen: Nicht mehr die vorangehende Institution entscheidet über die „Passung" für die nachfol-

gende, sondern diese selbst. Niemand kennt ihr Anforderungsniveau besser als sie. Dass die stressfrei und sukzessive erbrachten Leistungen im „Portfolio" zuverlässiger sind als eine punktuelle Aufnahmeprüfung, muss nicht eigens betont werden.

2.2 Störfall Selektion

2.2.1 Zwei organisatorische Antworten auf den Tatbestand der Begabungsstreuung

Als der Staat gegen Ende des 18. Jh. begonnen hat, das Schulwesen als seine Domäne anzusehen, hat er es sukzessive in organisatorische Strukturen gepresst, die dem Ideal der Homogenität frönen[25]. Die Schüler werden nach der bei der Rekrutierung von Soldaten herrschenden Praxis jahrgangsweise „ausgehoben"[26] und müssen ihre ganze Schulzeit in Jahrgangsklassen absitzen. Ein Schüler, der den Homogenitäts-Erwartungen nicht entspricht, wird in die nachfolgende Jahrgangsklasse abgeschoben. Spätestens bei den Zehnjährigen hält man es für geboten, auf die anwachsende Leistungsstreuung mit der Sortierung der Schüler und ihrer Aufteilung auf verschiedene Schultypen zu antworten.

Die allermeisten hoch entwickelten Länder greifen mittlerweile nach der zweiten Möglichkeit, auf die Verschiedenartigkeit der Köpfe zu reagieren: Nicht die Schüler so lange zu sortieren, bis sie auf die vorgefasste uniforme Methode passen, sondern die Methoden zu variieren, so dass sie den unterschiedlichen Anspruchsniveaus der Köpfe gerecht werden. Sie können auf diese Weise die Zeit der gemeinsamen Beschulung großteils bis zum Ende der Pflichtschulzeit verlängern, teilweise sogar auch darüber hinaus. – Der Name der so genannten Integrierten Gesamtschule ließe vermuten, dass auch sie an diesem zweiten Modell orientiert sei. Sie trägt ihren Namen aber zu Unrecht, denn mit ihren Leistungskursen hält sie am Prinzip der Selektion nach Leistung fest. Sie sollte sich daher nicht wundern, wenn ihr ähnliche Defizite wie dem gegliederten Schulwesen nachgewiesen werden, insbesondere auch in den Fragen des sozialen Klimas!

---

25 Dass diese Strukturen gleichzeitig die Schichtung der Ständischen Gesellschaft widerspiegeln, bleibt hier zunächst ausgeklammert. Kaum jemand wagt es in der Demokratie, die Selektion mit diesem Argument zu verteidigen. Der Tatbestand freilich ist – in veränderter Form zwar, aber doch – nach wie vor gegeben.

26 Die Einführung der allgemeinen Schulpflicht und der „Stehenden Heere" erfolgte ungefähr zur gleichen Zeit.

Dass die oben genannten Vorreiter-Staaten nicht blauäugig zur echten Gesamtschule (Gemeinschaftsschule mit unterrichtlicher = innerer Differenzierung) übergewechselt sind, sondern vorher Vergleichsstudien hinsichtlich der Leistungsentwicklung der gut und schlecht Begabten angestellt haben, hätte schon frühzeitig hellhörig machen können. Dass deutsche Wissenschafter alsbald in analogen Studien ebenfalls nachgewiesen haben, dass die geistigen Eliten bei echter Integration keinesfalls verkümmern und die Schwachen oft auffallend profitieren (vgl. Treiber/Weinert 1985, S. 151), hat die Ideologie der schulischen Traditionalisten noch immer nicht zerbrechen können. Vielleicht können es die Ergebnisse der PISA-Studie, in der doch die eigentlichen Sieger im Vergleich der 31 Länder diejenigen sind, die zumindest in der Pflichtschulzeit die natürliche Begabungsstreuung bejahen und die Gemeinschaftsschule als organisatorisches Unterpfand eingeführt haben[27].

2.2.2 Eine einheitliche Schule hat für alle Beteiligten Geschenke im Talon

Die Mitgift für die schwach begabten Schüler

Im Hinblick auf die leistungsschwachen Schüler schützen die Verfechter der Selektion vor, dass sie ihnen eine Entlastung brächte. In einer meiner Pilot-Studien habe ich einige Monate nach der Trennung von den Gymnasiasten die Schüler einer fünften Klasse Hauptschule gefragt, ob sie diese Trennung für gut hielten oder für schlecht. Alle 29 Schüler haben anonym schriftlich bekundet, dass es ihnen lieber wäre, wenn sie beisammen bleiben hätten können. „Natürlich können sie besser rechnen", heißt es in den Begründungen, „aber sie sind ein Vorbild!" „Man kann von ihnen ganz viel lernen." „Der Martin hat mir immer sehr gut geholfen." – Auch die Schüler einer siebenten Klasse habe ich gefragt, wie sie den am Ende der sechsten Klasse erfolgten Weggang der Realschüler einschätzten. Alle 24 Schüler waren der Meinung, dass die Trennung von den Realschülern nachteilig sei. Einer beklagte den Verlust seines Freundes: „Ich weiß jetzt nicht mehr, wie wir uns treffen können; wenn ich Zeit habe, hat er keine Zeit und umgekehrt."

Nichts Großes geschieht ohne Leidenschaft, hat Friedrich Hegel einmal gesagt. Im Hinblick auf das vielleicht bedeutsamste Lerngesetz könnte

---

27 Das für Deutschland erschreckendste Ergebnis ist der Nachweis, dass sein Schulsystem mit seiner Selektionsmaschinerie Weltmeister ist im Herstellen der leistungsmäßigen Disparität zwischen den Schülern aus soziologisch privilegierten und unterprivilegierten Schichten.

der Satz pädagogisch gewendet werden auf „Nichts Großes geschieht ohne Vorbild". Das behavioristisch instrumentierte Reiz-Reaktions-Lernen hat die Schule wie gebannt auf positive und negative Verstärkungen blicken lassen, die durchaus ihre Wirkung haben, die aber doch die Bedeutung der mitreißenden „Gestik" des Identifikationsobjektes aus dem Auge verlieren.

„Kinder lernen, indem sie andere beobachten", hält Urie Bronfenbrenner den Behavioristen entgegen. „Das Verhalten anderer ist ansteckend. In deutlicher Abhebung zu deren Lerntheorie steht die Erkenntnis, dass Nachahmung ihre Belohnung in sich trägt (…) Das Kind übernimmt die Handlungsweisen des Vorbildes ohne ausdrücklichen Anreiz oder Zwang. Es bedarf keiner Süßigkeiten, keines aufmunternden Lächelns oder Nickens, keiner Unannehmlichkeit und keines Schocks, um es anzuspornen" (Bronfenbrenner 1972, S. 118 u. 122).

Wenn eine einfache Frau aus dem Volk möchte, dass ihr Kind eine bestimmte Fertigkeit oder auch „nur" anständige Umgangsformen lernt, trachtet sie, einen „Kumpanen" für es zu finden, der diese beherrscht. Sie scheint mit Pestalozzi zu wissen, dass sich Kinder „unendlich lieber von Gleichaltrigen (‚peers' würden wir vielleicht heute sagen) zeigen lassen, was sie tun sollen, als vom Lehrer". – Was hingegen macht die Schulpolitik, wenn sie das ungeliebte Volk der Schwachen, der langsamer oder sonst wie behindert Lernenden zu „versorgen" hat? Sie sammelt die Gleichartigen und schottet sie geradezu hermetisch von den anderen ab, so dass sie keinen mehr neben sich haben, der elegante Lösungen von mathematischen Problemen findet, der lesenswerte Aufsätze schreibt und an der Fremdsprache Gefallen findet. Im Lager der Zurückgebliebenen sieht sich der desinteressierte Blick des einen im desinteressierten Auge des anderen in den Spiegel, und das Ergebnis ist „Null-Bock", wie es im Schüler-Jargon heißt.

Dass die Anwesenheit von Interessierten und Leistungsfähigen die anderen mitreißt, zeigt sich auch in den multikulturell zusammengesetzten Klassen. Ein zentrales Ergebnis des berühmten Coleman-Reports ist beispielsweise gewesen, dass farbige Schüler überall dort bildungswilliger und damit auch gebildeter sind, wo sie mit einer weißen Mehrheit aus dem Mittelschichtmilieu die Klassen füllen (Coleman u. a. 1966). In die gleiche Kerbe schlagen Untersuchungsergebnisse von Haeberlin, gemäß denen Lernbehinderte einen signifikant größeren Lernzuwachs erzielen, wenn sie in so genannten Normalklassen integriert sind, als wenn sie nur Sonderschüler um sich haben (Haeberlin u. a. 1990, S. 259).

Die Mitgift für die gut begabten Schüler

Mit seinem „docendo discimus" hat Seneca bereits dem „peer tutoring" vorgearbeitet, und die moderne empirische Forschung leistet ihm Schützenhilfe: Wenn nämlich die Begabten in das (Be-)Lehren anderer involviert werden (Diskussion der Probleme in der Gruppe, individuelle Hilfestellung…), ergreifen sie Strategien auf höherer kognitiver Ebene, als wenn sie für das Bestehen ihrer Tests lernen. Das Erklären für andere erhöht nicht nur die eigene Leistung im Denken, sondern auch das Ausmaß des Behaltens. Gleiches gilt für das Überprüfen der Genauigkeit und Stimmigkeit der Erklärungen anderer. Kognitives Wachstum ist nun einmal ganz wesentlich an soziale Interaktionen, an den Austausch verschiedener Meinungen gebunden. Durch nichts werden gelangweilte und uninteressierte gescheite Schüler mehr motiviert, heißt es im Resümee einer amerikanischen Metastudie, als wenn sie zum Lernen anderer beitragen dürfen: Sie können das Gefühl haben, für das Erreichen eines gemeinsamen bedeutsamen Zieles verantwortlich gewesen zu sein und das Leben des anderen besser gemacht zu haben. Im homogenen Verband werden Schüler, die sich besonders hervortun wollen, als „Streber" und „Schweinchen schlau" etikettiert und bei den Lehrern denunziert. Darunter leidet ihr Selbstwertgefühl und sie lassen sich daher nicht selten „nivellieren". Im heterogenen Verband werden sie dagegen als Helfer und Förderer akzeptiert und können auf ihre schulischen Talente und Leistungen stolz sein. In der abschließenden Empfehlung an die Gesellschaft schreiben die Autoren: „Um sicherzustellen, dass hoch begabte Schüler erfolgreich sein können, soll sie die Schule zu Kompetenz und harter Arbeit im Dienste der Gemeinschaft führen, aber nicht zum Besiegen anderer" (Johnson/Johnson 1992, S. 44–47).

Je penetranter das „Ideal" der Homogenität durchgezogen wird, desto mehr Nivellierung greift Platz, die insbesondere die Spitzenbegabungen schädigt. Treiber und Weinert schreiben, dass sich in leistungs-egalisierten Klassen[28] die Leistungsentwicklung besserer Schüler verschlechtert, ohne dass sich die schwächeren Mitschüler verbessern. „Die Schüler mit hohem Begabungsniveau werden in leistungs-divergenten (also heterogenen) Klassen besonders gefördert. Dabei erzielen aber auch die schwachen Schüler mindestens gleiche Leistungen wie in konvergenten bzw. egalisierten Klassen" (Treiber/Weinert 1985, S. 151). Baumert, Roeder

---

28 Also in homogenen Klassen des gestuften Systems wie auch – nochmals sei es betont – in den Leistungskursen der fälschlich als Gesamtschule bezeichneten Institution.

und andere sind von der Annahme ausgegangen, dass es am Gymnasium keinen „die Varianz der Schülerleistungen reduzierenden Unterricht" gäbe; gehört es doch zur Selbstdarstellung des Gymnasiums, für die Besten da zu sein und sie zur Hochschulreife zu führen. Die Untersuchung von 427 Gymnasialklassen hat diese Vermutung aber nicht bestätigt. In bis zu zwei Dritteln der untersuchten Klassen herrschte streuungs-mindernder, also egalisierender – um nicht zu sagen gleichschaltender – Unterricht vor, „und das insbesondere auch in den traditionellen Hauptfächern". Disparitätsminderung und Leistungszuwachs verhalten sich aber in jeder Klasse gegenläufig: „Bei divergenz-mindernder Klassenführung (zu der die vermeintliche Homogenität der Schüler nun einmal verleitet – R. V.) sinken die Testwerte im oberen Leistungsdrittel beträchtlich, ohne dass Schüler im unteren Drittel Gewinne zu verzeichnen hätten" (Baumert u. a. o. J., S. 28/29).

Die schulisch Tüchtigen, deren kreative Leistungen im späteren Leben den Mitmenschen Heil, aber auch Unheil bringen können, lernen im heterogenen Verband beizeiten soziale Verantwortung für ihre vom Schicksal weniger begünstigten Mitmenschen. Was andererseits bewahrt sie selbst am besten vor der Exzentrik und Neurosenanfälligkeit, die nicht selten mit Spezialbegabungen einhergeht, als die Begegnung mit der legeren Natürlichkeit, mit der die „Runden" und „Bulligeren" das Leben meistern? (Vgl. Vierlinger 1993, S. 39–42.)

Die Mitgift für das sozialpädagogische Klima in den Klassen

Wenn Leistung immer im Hinblick darauf gezeigt und getestet werden muss, ob der Verbleib in einem bestimmten Schultyp bzw. in einem bestimmten Kursniveau gesichert ist, verkehrt sich das Klima des Miteinanders tendenziell in das des Rivalisierens und des Wettbewerbs. Fritz Redl, der in den USA als erfolgreicher Leiter von Heimen für Schwererziehbare von sich reden gemacht hat, wirft dem Klima des feindseligen Wettbewerbs vor, dass „dasjenige Kind" belohnt wird, „das über jedermann, der sich mit ihm zu messen versucht, ungerührt hinweg geht. Beschämung trifft dasjenige Kind, das lieber eine schlechte Note bekommen möchte, als sich seinem besten Kameraden gegenüber besser zu fühlen als er". Dieses Klima verwandelt das Klassenzimmer in einen „Hunderennplatz". Diejenigen, die im aggressiven Wettbewerb zufällig die Letzten sind, werden „zu sozial Ausgestoßenen", und diejenigen, „die sich nun einmal leicht in vorderster Linie behaupten und zehn Mal mehr Lob erhalten, als ihre Anstrengung verdient, werden zu Snobs" (Redl 1971, S. 186).

Die Mitgift für Lehrer, Eltern und das Staatswesen

Dass eine Schule ohne spießige Selektionsmechanismen den Eltern von Pflichtschülern ein ganzes Bündel von Stressfaktoren abnimmt, braucht nicht näher begründet zu werden.

Den Lehrern erlaubt sie eine grundlegende Änderung des Berufsverständnisses. Das gestufte System liefert dem Lehrer ein Alibi, für Individualisierung und didaktisch-methodische Differenzierung nicht weiter Sorge tragen zu müssen. Es perfektioniert ihn – zumindest der Intention nach – zu einem Spezialisten für Aussonderung. Das integrative System hingegen drängt ihn an die Seite der Schüler und ihrer Interessen und macht ihn zu einem Spezialisten für das Entwerfen von variablen Lehrstrategien.

Ein demokratischer Staat dürfte gar keine andere als die Gemeinschaftsschule haben! Wir brauchen eine neue Allgemeinbildung, bei der sich das „allgemein" weniger auf den Konsens über die Inhalte zu beziehen hat als auf die Allgemeinheit der Adressaten. Bildung ist am Beginn des dritten Jahrtausends längst kein Privileg mehr für wenige und darf auch nicht mehr bloß als ein Angebot für viele verstanden werden; vielmehr ist sie eine Notwendigkeit für alle geworden! Wenn die Stimme jedes Einzelnen mit gleichem Gewicht über die Geschicke unseres Staates mitentscheidet, dann sind wir darauf angewiesen, dass jeder ein möglichst verständiger Richter der Politik sei: Die drängenden Probleme unserer Zeit – von der Neuverteilung der Arbeit bis zu den Fragen der Ökologie und vom kritischen Umgang mit den Medien bis zur Haltung gegenüber den Fremden – können nur bewältigt werden, wenn die Jugend zum Miteinander, zur gegenseitigen Achtung und zum Verständnis füreinander erzogen wird und nicht zur Ab- und Ausgrenzung. Was man lernen soll, um es zu tun, kann man nach einem Wort von Aristoteles nur lernen, indem man es tut. Wenn daher unsere Jugend Verständnis füreinander, Rücksichtnahme und gegenseitige Achtung lernen soll, brauchen wir ein Schulsystem, dessen Weichen auf Integration und Kooperation gestellt sind. Nur eine gemeinsame Schule – zumindest in den neun Jahren, in denen alle Kinder zum Besuch verpflichtet sind – stellt diejenige Systemgegebenheit dar, an die Dewey gedacht hat, als er von der Schule als dem „primären und wirksamsten Mittel für sozialen Fortschritt und soziale Reform" gesprochen hat (Dewey 1897, S. 80).

2.3 Störfall Paternalismus

2.3.1 Der Staatsmann ist kein Pädagoge!

Weil sich der Staat im Hinblick auf die Schule nicht darauf beschränkt, „die Einhaltung gewisser Mindeststandards zu Gewähr leisten", hat ihm Ulrich van Lith bereits vor zwei Jahrzehnten „bildungspolitischen Paternalismus" vorgeworfen. Daran hat sich kaum Wesentliches geändert. Der Staat „plant den Lehrerbedarf, bestimmt weitgehend den Inhalt und die Organisation der Lehrer-Ausbildung (...), teilt die einzelnen Lehrkräfte den Schulen zu, unterwirft Schulbücher einem komplizierten Genehmigungsverfahren (...), fixiert die schulischen Organisations- und Entscheidungsstrukturen, die Klassengrößen, die Unterrichtsinhalte, die Unterrichtszeiten etc." (Lith 1983, S. 7).
Die Kritik an der peniblen Steuerung der Schule durch ein hierarchisches System von Verwaltungsebenen entspringt nicht libertinistisch-anarchistischer Unbotmäßigkeit, sondern der Sorge, ob das Wesen des Pädagogischen mit den Mitteln der bürokratischen Staatsverwaltung entsprechend kultiviert werden könne. Es ist die Sorge, die einen Johann Friedrich Herbart bereits an der Schwelle der Verstaatlichung im deutschen Sprachraum umgetrieben hat, wenn er (in Horst Rumpfs Dramaturgie – Rumpf 1986, S. 31) den Repräsentanten des Staates verwundert hat fragen lassen: „Wie kann man auf den Gedanken kommen, der Staat mit seinen aufs Allgemeine hin orientierten Denk- und Verwaltungsmitteln (...) sei zur Erziehung geeignet? Uns Staatsmännern, uns so von allgemeinen Formen Okkupierten, ausgerechnet uns wollt ihr den weichsten aller Stoffe, das menschliche Kind, zur Ausbildung überantworten?" (Herbart 1964/65, S. 149/50).
„Okkupiert von allgemeinen Formen" kann der Staatsmann wahrscheinlich gar nicht anders, als seinen Schulen ein uniformes und uniformierendes Curriculum zu verschreiben. Wenn Kritik an der Schule laut wird, reagiert die staatliche Schulverwaltung wiederum zumeist mit einer Revision der Lehrpläne. Sie gelten als eine Art Bibel, um nicht zu sagen „Heilslehre", mit der die Schule kuriert werden könne.
Der amerikanische Erziehungsphilosoph John Dewey, der Vorkämpfer einer demokratischen Schule, denkt das genaue Gegenteil! Zentral verordnete Lehrpläne sind für ihn eine Ursache schulischer Missstände. Die „von außen her gesetzten Ziele" nennt er einen „Übelstand": Die Lehrer übernehmen sie von höheren Stellen, und von den Lehrern werden sie den Kindern „auferlegt". Als erste Folge ergibt sich, „dass die Intelligenz der Lehrer gefesselt wird. (...) Allzu selten nur steht der einzelne Lehrer

den Anordnungen der Schulaufsicht, den Lehrbüchern, den Methoden, den vorgeschriebenen Lehrplänen etc. innerlich so frei gegenüber, dass er sein eigenes Denken in innige Berührung mit dem des Schülers und mit dem Bildungsgut bringen kann. Das Misstrauen der höheren Stellen gegenüber der Erfahrung des Lehrers spiegelt sich dann wider in einem Mangel an Vertrauen des Lehrers zu den Schülern. Die Letzten empfangen ihre Ziele aus zweiter oder dritter Hand und werden beständig verwirrt durch den Konflikt zwischen denjenigen Zielen, die zu einer gegebenen Zeit der Natur ihrer eigenen Erfahrung gemäß sind, und denen, mit denen man sie sich abzufinden lehrt" (Dewey 1964, S. 149).

Lehrpläne treten mit Imponiergehabe auf; hinter ihnen wird der Sachverstand von Experten vermutet, die ihrerseits vom Sachverstand anderer Experten in die entsprechenden Gremien dekretiert worden sind. Das Ergebnis schlägt sich in staatlich sanktionierten Druckwerken nieder, in denen Schwarz auf Weiß geschrieben steht, was Bildung ist. Lehrbücher, deren Autoren häufig mit den Plänemachern identisch sind, setzen das gremiale Planungskonstrukt in Lehrquanten um, wohl bemessen, um die Jahresarbeit zeitlich präzise portionieren zu können. – Dieser geballten und mit hoheitlichen Attributen versehenen Planungskompetenz gegenüber soll nun der Lehrer Standfestigkeit genug haben, um die Gewichte nach der eigenen Kulturbeflissenheit und den Interessenschwerpunkten seiner Schüler neu zu verteilen? Nicht einmal die auserlesene Schar der Praktikumslehrer hat Abstand genug, um mit Gelassenheit auswählen zu können; und wenn sie es dennoch tut, dann hat sie ein schlechtes Gewissen. Die Praktikumslehrer weisen einesteils auf den „klaffenden Gegensatz zwischen dem Anspruch des Kindes und der Forderung der Institution" hin und vermuten Zusammenhänge zwischen der Schul-Unlust etwa der Hauptschüler und der fehlenden Berücksichtigung ihrer Interessenlage. Andererseits aber verweisen sie resigniert auf ein Gefühl der Ohnmacht bzw. auf die Nötigung zur Unterwerfung unter die Dienstpflicht (Kunert 1983, S. 54).

Die Kreativität von uns Menschen bleibt überall dort ein kümmerliches Pflänzchen, wo wenig Freiraum für eigene Gestaltung zugestanden wird. Die schöpferische Gestaltungskraft der Lehrer wäre der größte Schatz einer Bildungsinstitution; unter der obrigkeitlichen Gängelung bleibt er vergraben. In der bürokratisch normierten Schule bekommt derjenige Lehrer kaum Probleme, der Dienst nach Vorschrift macht. Sein Kollege aber, der Neues erproben will, muss ständig um Erlaubnis bitten und wird, wenn schon nicht beargwöhnt, so doch strenger beaufsichtigt.

In der Zusammenfassung der Ergebnisse amerikanischer „Effective-School"-Forschung attestiert Jutta Lenz den Lehrern, die nicht ans Gängelband der Behörde genommen sind, ein deutlich größeres pädagogisches Engagement, höhere Unterrichtsqualität, mehr Sorge um Gerechtigkeit gegenüber den Schülern, weniger Restriktion und die grundsätzliche Bereitschaft zur Mitsprache und Mitarbeit bei der Gestaltung des Schulgeschehens. Auf der Schülerseite hat dies eine auffallend gesteigerte Lernbereitschaft zur Folge (Lenz 1991, S. 136).

2.3.2 Einwände gegen eine Entstaatlichung der Schule

Der erste Einwand bezieht sich auf den Respekt vor dem Rechtsstaat: Ergibt sich nicht aus der Entscheidung für den Rechtsstaat immer auch eine Entscheidung für eine Omnipotenz der staatlichen Verwaltung – schon gar in einem so bedeutsamen Bereich wie der Erziehung der jungen Generation? Bei Ingo Richter lesen wir es anders: „Es ist nicht der schlechteste Rechtsstaat, der sich dem Prinzip der Subsidiarität verschreibt und die staatlichen Machtmittel nur dort ausspielt, wo die Aufgaben für die Selbsthilfe seiner Bürger zu umfassend sind. Die Schule kann zweifellos auch nach dem Vertragsmodell organisiert werden, das sich neben dem Verfassungs- und Verwaltungsmodell als mindestens gleichberechtigt anbietet, wenn das Staatsvolk Probleme zu lösen hat" (Richter 1994, S. 182/83).

Dass die Verrechtlichung der Schule, die von der Verwaltung zunehmend mehr angestrebt wird, um ihre Entscheidungen justiziabel zu machen, ein Irrweg ist, kommt in voller Deutlichkeit darin zum Ausdruck, dass sogar Juristen davor warnen: Um der Freiheit des einzelnen Lehrers und der Autonomie der einzelnen Schule willen hat zum Beispiel der Deutsche Juristentag 1981 die Reduktion der Steuerung durch die Unterrichtsbehörde und die Umwandlung ihrer Fachaufsicht in bloße Rechts- und Dienstaufsicht gefordert. Der ehemalige Verwaltungsrichter Ferdinand Kopp hat dieser „Erkenntnis" mit der Behauptung zugearbeitet, dass es die Verordnungsgeber, Parlamente und Gerichte überfordern würde, wollten sie die der Pädagogik eigenen Gesetzmäßigkeiten in Rechtssätzen ausdrücken: „Je mehr eine Rechtsvorschrift Kernfragen der Pädagogik und der Anwendung pädagogischer Kenntnisse im konkreten Fall berührt, desto mehr stößt der Gesetzgeber an Grenzen, die er nicht überschreiten kann, ohne den Schul- und Bildungserfolg damit zu gefährden" (Kopp 1980, S. 29). In Übereinstimmung mit den Rechtsgelehrten fordert der Sozialphilosoph Habermas, dass die Okkupation von lebensweltlichen Hoheitsgebieten durch formalrechtlich organisierte Mächte wieder rückgängig gemacht werden müsse und die Frontlinie zwischen der „Lebenswelt" und dem „System" neu zu definieren sei.

Bestimmte soziale Aufgaben lassen sich nun einmal nicht oder nur sehr schlecht erledigen, wenn sie den kommunikativ strukturierten Handlungsbereichen entzogen und von verwaltungstechnisch strukturierten Funktionärskadern vereinnahmt werden. Die Führungsaufgabe der Lehrer beim Auseinandersetzungsprozess der Schüler mit bestimmten Kulturausschnitten ist der Prototyp eines lebensweltlich und nicht formalrechtlich zu organisierenden Handlungsbereichs (Habermas 1985, S. 189).

In jüngster Zeit wird diese Philosophie vom Subsidiaritäts-Denken der Kommunitarier unterstützt. Die in einer überschaubaren Region zusammenlebenden Menschen mögen ständig prüfen, ob sie eine Aufgabe nicht selbst erledigen können, bevor sie eine überregionale und übergeordnete Instanz damit betrauen. Die Kommunitarier sind von der Überzeugung durchdrungen, dass sich Institutionen – je größer sie werden, desto mehr – von den in der Region wirkenden Interessen und Zielsetzungen entfernen. Die gegenseitige Bereicherung, die zwischen Individuum und Gemeinschaft im überschaubaren Bereich befruchtend erlebt werden kann, dünnt beim Transfer über die Stufen der Hierarchie bis hin zur Zentrale auf Bundesebene zur abstrakten Schwurformel aus, die nicht als verpflichtend erlebt wird (Etzioni 1995).

Der zweite der oben genannten Einwände bezieht sich auf die vom Neoliberalismus ausgehende Gefahr des Sozialdumpings, wenn die Schule den Gesetzen des Marktes ausgeliefert wird. Der Riegel, der dieser in der Tat ernsthaften Gefahr vorgeschoben werden muss, ist die unverzichtbare Finanzierung durch den Staat! Er hat auch weiterhin die Kosten der Schulbildung zu tragen, damit es zu keiner Benachteiligung der Kinder aus den unteren Sozialschichten kommt!

Wenn der Staat der Schule Flankenschutz gibt gegen den Angriff der Hydra der menschenverachtenden neoliberalistischen Privatinteressen, dann – aber nur dann! – sollte sich die Schule dem Grundgedanken des Marktes nicht verschließen. Vielmehr sollte sie der Chancen gewahr werden, die dieses Kommunikationsmodell mit sich brächte: Sie würde befreit vom polit-bürokratischen Diktat. Privatinitiative und unternehmerischer Geist wären gefragt und dürften sich entfalten. Die Experimentierfreudigkeit würde geweckt und an die Stelle von Obrigkeitshörigkeit träte Verantwortung.

2.3.3 Freie Schulen sind keine Utopie!

Schulen, in denen die Kontrolle über ihre Dienstleistung aus den Händen der „producer" in die Hände der „consumer" übergeben worden ist, in

66

denen die Eltern – durchaus mit Anhörung der Lehrer – über die Kriterien der Schulqualität befinden und nicht die staatlichen Organe, solche Schulen sind längst keine Utopie mehr.

Zu den Ländern mit basisdemokratischer Schulkultur gehören u. a. die Niederlande, die skandinavischen Staaten und die des angloamerikanischen Raumes. In all diesen Ländern sind Schulkuratorien, Schulvorstände, „governing bodys", also Schulregierungen oder wie diese Gremien heißen mögen, für die Geschicke der Schule verantwortlich. Sie bestehen aus gewählten Lehrer- und Elternvertretern; in Sekundarschulen entsenden auch die Schüler ihre Deputierten. Die Schulregierungen entscheiden über die Inhalte des Unterrichts; zentrale pflichtige Vorgaben sind – abgesehen vom Zielkatalog, den die Verfassung vorgibt – weithin Makulatur. Die Schulregierungen organisieren die Lehre von der Lehrfächerverteilung bis zu den zeitlichen Zäsuren im Schuljahr und bis zu der Stundenverteilung pro Tag (Ganztags- oder Halbtagsschule etc.). Sie werben Lehrer an (vgl. die Stellenausschreibung im Education Supplement, der regelmäßigen Freitagsbeilage der Times) und schließen ihre Verträge mit den curricularen „Bestbietern". Sie bestellen den Leiter – zumeist auf Zeit – oder entscheiden sich für ein kollegiales Leitungsteam. Schließlich verfügen sie über das Budget für sämtliche Anschaffungen – von den Lehrmitteln bis zum Inventar und oft sogar bis zu den Baumaßnahmen.

Der Staat bindet diese Schulen lediglich an diejenigen Regulative, die für das Schulwesen einer reifen Demokratie unabdingbar sind: Das Verbot der Diskrimination nach Rasse, ethnischer Zugehörigkeit, Geschlecht, Sozialstatus und Religion. In der Pflichtschulzeit, an deren Ende ja noch keine beruflichen Zertifikate vergeben werden, muss auch die Selektion nach Leistung verboten sein.

3. Schlusswort

Es sei von Horst Rumpf geliehen, der nach langer Erfahrung als Lehrer und Kenner der Verhältnisse an deutschen Schulen resigniert festgestellt hat: „Man sollte die Illusion verabschieden, man könne im Gehäuse der verwalteten Schule alle die unglaublich gut klingenden Dinge verwirklichen, die nicht nur Präambeln schmücken (…), man sollte die Worthülsen pädagogischer Herkunft nicht dazu missbrauchen, zu suggerieren, die verwaltete Schule könne eine pädagogische Einrichtung sein" (Rumpf 1982, S. 124).

FELIX WINTER:

Neue Wege der Leistungsbewertung – das Portfolio

1. Noten + zentrale Prüfungen + Tests + Leistungsvergleichsstudien – führt das zu einer neuen Lernkultur?

Es ist leicht zu erkennen, dass es sich bei dieser ersten Zwischenüberschrift um eine rhetorische Frage handelt, die ich gern mit „nein" beantworten möchte. Es ist aber dennoch eine sehr berechtigte Frage, denn die sichtbarsten Konsequenzen aus den Ergebnissen der PISA-Studien werden gegenwärtig auf den oben aufgezählten Gebieten gezogen – mit einer Ausnahme: Die Noten. Obwohl ihre Glaubwürdigkeit erneut in Frage gestellt ist, bleiben sie weiterhin wenig kritisiert. Das Leistungsbewertungssystem unserer Schulen gehört aber auch auf den Prüfstand. Es muss darauf hin befragt werden, ob es einer Reform des Unterrichts im Wege steht – oder anders gesagt – ob es mit einer neuen Lernkultur noch verträglich ist. Eines scheint nämlich logischerweise notwendig zu sein: An der Lernkultur in den Schulen muss viel geändert werden, wenn man in Deutschland zu besseren Lernergebnissen gelangen und mehr Schüler als bisher effektiv fördern möchte. Diesbezüglich wird aus meiner Sicht noch viel zu wenig getan und nicht einmal genügend darüber gesprochen. Wenn ich derzeit Schulen besuche und Lehrerfortbildungen halte, sehe ich überwiegend in ratlose, häufig auch in entmutigte Gesichter. Von Aufbruchstimmung ist dort nichts zu spüren. Die Tests und Leistungsvergleiche machen den Lehrern vor allem Angst und lösen Abwehr aus. Nicht zu Unrecht wird – etwas salopp ausgedrückt – dort gesagt: *„Man kann die Sau zehn Mal wiegen, davon wird sie nicht fett."* Man könnte es auch moderner ausdrücken, etwa im Vergleich mit einem Produktionsbetrieb. Wenn man dort die Hauptenergie und besonders viel Geld in die Controllingabteilung steckte, wäre trotzdem – oder vielleicht sogar gerade – nicht gewährleistet, dass der Betrieb gut läuft, unter anderem weil den anderen Bereichen Energie und Mittel fehlen. Wird man also die

Schulen und ihre Lernkultur durch Tests, Vergleichsstudien und durch die Vorgabe von Standards verbessern können? Es gibt bislang keine gesicherten Belege dafür.

Wenn ich eine sich abzeichnende Überdimensionierung der Leistungskontrolle anspreche, so muss leider gesagt werden, dass dies kein neues Problem ist. Der „Sau-Wiege-Vergleich" wurde ja schon bezüglich der bisherigen Leistungsbeurteilung an Schulen herangezogen. Ich will diese hier auch deshalb ansprechen, weil sich nach PISA – mehr implizit als explizit – die Vorstellung herausgebildet hat, man könne für die harte, die objektive Leistungsbewertung Tests nehmen, im Übrigen in der Schule aber wie bisher mit den Noten operieren. Ich halte das für eine große Selbsttäuschung, denn Noten sind nicht nur wenig genau und subjektiv, sondern auch pädagogisch kontraproduktiv vor allem für den Aufbau einer neuen Lernkultur. Und auch der Einsatz von Schulleistungstests kann sehr kontraproduktiv auf die Lernkultur wirken. Das Schulwesen in den USA mit seiner Testmanie liefert dafür viele Beispiele.

2. Prüfung und Benotung als Schlüsselszene der Schule

Wir alle kennen ihn recht gut aus der Mittel- und Oberstufe, den Rhythmusgeber des schulischen Lernens: Eine Klassenarbeit steht an, es wird darauf hingearbeitet und dann erfolgt die Benotung, das heißt die Einstufung aller Schüler auf einer Ziffernskala. Die Sache wiederholt sich fort und fort. In kleinerer Form findet sie täglich statt, in fast jedem Unterricht: Fragen werden gestellt, Schüler werden aufgerufen und erhalten eine Note für ihre Antworten. Zurecht ist dieser Art Schule zu halten, vorgeworfen worden, dass sie aus dem Mittel der Leistungsbewertung das eigentliche Ziel des Unterrichts macht: nämlich zu belegbaren Noten zu kommen. Auf Seiten der Schüler verhält es sich entsprechend. Es geht darum, gute Noten zu erringen, weniger darum, sich mit einer Sache zu verbinden, sie gründlich zu verstehen. Freilich hat sich an vielen Schulen in den vergangenen 30 Jahren einiges geändert. Die Lehrer-Schüler-Beziehungen sind weniger distanziert geworden, man sitzt anders, es wird selbstständiger gearbeitet. Manchmal werden Probleme vorgegeben und nicht nur Aufgaben mit eindeutigen Lösungswegen, Gruppen arbeiten phasenweise zusammen, es gibt (gerade im Grundschulbereich) häufig offenen Unterricht mit Freiarbeitsphasen, Wochenplanunterricht, entdeckendem Lernen und Projektunterricht. Viel von dieser neuen Lernkultur geht allerdings in Deutschland schon in der Sekundarstufe I wieder verloren. Und gerade die neuen, offeneren Arbeitsformen geraten in Konflikt mit der Benotung. Wie soll man die Leistungen in einem fächerübergreifenden oder fächerintegrierenden, problemorientiertem Projekt in Fachnoten abrechnen? Wie kann man die Ergebnisse offener (z. B. entdeckender) Lernprozesse durch eine normierende Beurteilung angemessen beschreiben, wo dafür gar keine Normen vorhanden sind und auch nicht formuliert werden können?

Dass die traditionelle Leistungsbeurteilung neue Arbeitsformen einschnürt, zeigt sich auch an der folgenden Erfahrung: Ich erläutere beispielsweise auf einer Lehrerfortbildung, wie man mit Lerntagebüchern, Lernpartnerschaften, Feed-back-Verfahren und auch mit der Portfoliomethode zu mehr Schüleraktivität und besserer Motivation beitragen kann, und nachher sagen mir Lehrer: *„Das ist alles schön und gut, Herr Winter, aber dafür bleibt mir in meinem Fach keine Zeit, weil ich nur wenige Stunden pro Woche habe und sehen muss, dass ich meine Klassenarbeiten durchbringe und zu genügend Noten für jeden Schüler komme."* In einer solchen Schule ist tatsächlich die Controlling-Abteilung die Hauptabteilung des Betriebs. Art und Ausmaß der tradierten Leistungsbeurteilung sind – wie Michael Schratz es einmal ausgedrückt hat – inzwischen ein „retardierendes Moment" für die Fortentwicklung der Schule insgesamt geworden (vgl. Schratz 1994).

Meine These lautet deshalb: Eine neue Lernkultur braucht einen gründlich reformierten Umgang mit den Schülerleistungen. Die bisherige Praxis der rituellen Prüfung und Benotung der Schüler ist dabei im Weg. Das Hinzutreten von Tests, neuen Abschlussprüfungen und vermutlich auch die neuen Leistungsstandards verschlimmern in dieser Hinsicht gegenwärtig eher die Problematik, als dass sie zu einer Reform der Lernkultur beitragen.

3. Merkmale einer neuen Lernkultur

Ich möchte wenigstens kurz auf wichtige Merkmale der so genannten neuen Lernkultur zu sprechen kommen, weil so die Bedeutung des nachher zu schildernden Portfoliokonzepts für die Reform der Leistungsbewertung besser sichtbar wird. Dabei muss freilich beachtet werden, dass eine solche neue Lernkultur kein einheitliches Konzept ist und nur in Grundzügen beschrieben werden kann. Es gibt viele recht unterschiedlich begründete Ansätze, die in diese Richtung weisen; sei es auf Basis lernpsychologischer Forschungsergebnisse, sei es in Folge konstruktivistischer Betrachtungen zu Lernvorgängen, sei es auf der Basis bereits lange bestehender reformpädagogischer Konzepte und Praktiken. Ich halte es in diesem Zusammenhang aber für berechtigt, von „Lernkultur" zu sprechen, denn die Aufmerksamkeit hat sich deutlich auf die Seite des Lernens, der real ablaufenden Lernprozesse verschoben, und es wird von da ausgehend nach neuen Lehr-Lern-Arrangements gesucht (vgl. Winter 2004, Kap. 1).

Ich sehe folgende Merkmale einer neuen Lernkultur:

- Die Schüler arbeiten selbstständiger, mit mehr Eigensteuerung
- Lernprozesse und ihre Reflexion erhalten eine wachsende Bedeutung
- Es wird verstärkt an komplexen Aufgaben gearbeitet
- Das Lernen und auch die Bewertungsvorgänge werden demokratisiert

4. Das Portfolio als Modell eines zukunftsweisenden Umgangs mit Schülerleistungen

Was ein Portfolio ist, hat sich inzwischen weitgehend herumgesprochen. Es handelt sich um eine Mappe, einen Ordner, in dem Schülerleistungen gesammelt werden (vgl. Brunner/Schmidinger 2000; Schwarz 2001; Winter 2002, 2003, 2004). Verwirrung gibt es um den Begriff vor allem deshalb, weil es viele verschiedene Arten und Verwendungsmöglichkeiten von Portfolios gibt. So unterscheidet man beispielsweise Arbeits- und Beurteilungsportfolios. In Arbeitsportfolios werden möglichst viele Produkte aus einem Unterricht gesammelt, für ein Beurteilungsportfolio werden Belegstücke ausgewählt, die als Grundlage für die Leistungsbewertung und das Bestehen eines Kurses oder Ausbildungsabschnittes dienen können. Außerdem gibt es z. B. Prüfungsportfolios und Bewerbungsportfolios.

Ein Prinzip ist jedoch das Gleiche, es werden Leistungsnachweise gesammelt und – das ist wichtig – längerfristig einsehbar gehalten. Dadurch entstehen Dokumente, die über den Leistungsstand eines Schülers direkt und detailliert Auskunft geben können. Ganz anders als bei Ziffernzeugnissen, die nur sehr indirekt und abstrakt Auskunft über Schülerleistungen geben.

Für die Bewertung, aber auch für die Erbringung der Leistung sowie für ihre Reflexion ergeben sich mit dem Anlegen von Portfolios ganz neue Perspektiven. Diese Leistungsdokumente können immer wieder und mehrseitig eingesehen und beurteilt werden. Lehrer können sich über die Leistungen einzelner Schüler und ganzer Klassen gemeinsam ein Bild machen (z. B. in Bewertungskonferenzen zu ausgewählten Portfolios;

vgl. Winter 2004, Kap. 4.9). Portfolios können präsentiert und öffentlich zugänglich gemacht werden.

Als Belegstücke für Leistung kommen bei der Portfolioarbeit auch ganz andere Arbeiten in Frage als Klassenarbeiten. Schüler können länger an ihren Produkten arbeiten und sie wiederholt verbessern, bevor sie in ihr Beurteilungsportfolio eingehen. Das begünstigt ein Verbesserungsstreben und ermöglicht es allen Schülern, zu den ihnen jeweils möglichen besten Leistungen zu kommen. Zudem sind die Schüler aufgefordert, ihre eigene Arbeit zu reflektieren und selbst dazu Stellung zu nehmen. Es ist Standard, dass sie für jedes Belegstück ein Deckblatt ausfüllen (siehe Anhang). Schüler gewinnen dabei ein bewussteres Verhältnis zu ihrer Leistung und ihrem Lernprozess – eine wichtige Bedingung dafür, dass sie das *Lernen lernen.*

Dort, wo mit der Portfoliomethode gearbeitet wird, lässt sich der Unterricht insgesamt anders organisieren und steuern. Wenn vorgegeben und ausgehandelt wird, welche Leistungen für das Portfolio erbracht sein müssen, können Schüler selbstständig und in eigenem Tempo darauf zusteuern. Der Unterricht kann offener gestaltet und stärker individualisiert werden. Lehrer können mehr als Lernbegleiter und Lernberater fungieren und als Darsteller von Wissen zurücktreten.

Anhand dieser notwendig nur skizzenhaften Darstellungen zur Arbeit mit Portfolios lässt sich absehen, welches Reformpotenzial darin steckt, und zwar sowohl für die Leistungsbewertung als auch für die Reform des Unterrichts. Ein Teil der Leistungskontrolle und der Leistungsbewertung wird gewissermaßen nach vorne in den Lernprozess hinein verlagert. Die Leistungsbewertung wird großenteils in dialogischen Prozessen organisiert. Die bisherige pädagogische Schlüsselszene der Schule, die Klassenarbeit mit anschließender Benotung durch einen Lehrer, kann zurücktreten. Die Benotung durch Ziffern kann abgeschafft werden zu Gunsten der ‚Direkten Leistungsvorlage' (vgl. Vierlinger 1999 und seinen Beitrag in diesem Band). Die Schüler selbst werden durch die Reflexion, die Selbstbewertung und durch den häufigen Dialog über Lernen und Leistung zu Subjekten in einer neuen Qualitätspartnerschaft.

Das mag vielleicht wie reine Zukunftsmusik klingen. Für Deutschland trifft dies auch weitgehend zu. Ich hatte aber Gelegenheit, High-Schools in New York zu besichtigen, die ihre gesamte Leistungsbewertung einschließlich ihrer Abschlussprüfungen auf die Portfoliomethode umgestellt hatten. Mit ausgezeichnetem Erfolg: Diesen 27 Schulen gelang es, ihre Drop-out-Quoten zu halbieren und gleichzeitig die Übergangsquote zu den Colleges zu verdoppeln. Ein Ergebnis, das dazu einlädt, auch in Deutschland Versuche mit der Portfoliomethode zu starten.

5. Rechenschaftslegung anhand von Portfolios – eine Alternative zur Test- und Standardisierungsmanie

Ich möchte noch einmal zum Ausgangspunkt meines Beitrags zurückkehren. Dort habe ich die Sorge geäußert, dass wir dabei sind, eine überdimensionierte und letztlich fehlorientierte Leistungskontrolle in Deutschland aufzubauen (bzw. – was die Noten betrifft – eine veraltete Methode aufrecht zu erhalten). Eine Leistungskontrolle, die fern von pädagogischer Arbeit der Schulen, der Lehrer und der Schüler und damit notwendig sehr allgemein entwickelt wird. Eine Leistungskontrolle, die – wenn sie sehr in den Vordergrund tritt – eher zur Entfremdung der Lernarbeit führt, als dass sie eine neue Lernkultur etablieren hilft. Für Leistungsstandards, die grundlegende Kompetenzen beschreiben und die nicht bloß durch Tests geprüft werden, muss diese Befürchtung nicht notwendig zutreffen. Sie könnten auch als inhaltlich umschriebene und wissenschaftlich erforschte Niveaustufen bestimmter Fähigkeiten formuliert sein und dann Orientierungsgrößen für die pädagogische Arbeit abgeben. Das setzt aber aufwändige Forschungsprozesse voraus. Mit einem Parforceritt, wie er sich jetzt abzeichnet, ist so etwas nicht zu haben. Doch unabhängig davon brauchen wir Alternativen zu immer mehr Abschlussprüfungen und Leistungstests, welche vor allem den Druck auf Schüler und Schulen erhöhen, ihnen aber nicht helfen, die anstehenden Aufgaben besser zu bewältigen. Gibt es solche Alternativen, die gleichwohl auf den berechtigten Anspruch der Gesellschaft eingehen, dass die Schule Rechenschaft über ihre Leistungen und die Leistungen ihrer Schüler ablegt? Ich sehe vor allem die folgende Alternative: Schüler und Schulen können anhand von Portfolios und durch öffentliche Leistungspräsentationen gegenüber den Eltern, der Gemeinde und auch gegenüber einer staatlichen Aufsicht und besonders beauftragten Einzelpersonen bzw. Beiräten Rechenschaft über ihr Lernen und ihre Leistungen ablegen. Das hat u. a. den Vorteil, dass sie sogleich auch beraten und vielleicht sogar unterstützt werden können, wo dies sich als nötig erweist. Dies wäre ein humanes, gewissermaßen ein „warmes" Modell der Qualitätskontrolle, das auf die besonderen Bedingungen der Schüler und der Schule eingehen kann. Im Rahmen eines solchen Modells erscheint es mir auch nicht mehr problematisch, von vergleichenden Leistungstests Gebrauch zu machen, um den relativen Leistungsstand bezüglich wichtiger Grundfähigkeiten möglichst objektiv festzustellen. Der erste Schritt aber müssen jedenfalls pädagogische

Reformen sein, die eine neue Lernkultur allgemein auf den Weg bringen, anstatt sie durch neue Tests und Prüfungen sowie durch die alten Noten zu ersticken, noch bevor sie an den Schulen wirklich Fuß gefasst haben.

Deckblatt für eine Einlage in das Portfolio

Kurs: _____ Datum: _____

Name: _____

Titel der Einlage: _____

Art der Aufgabe, die bearbeitet wurde: _____

_____

Wie ich an dieser Aufgabe gearbeitet habe: _____

_____

Warum dieser Leistungsnachweis für das Portfolio
ausgewählt wurde: _____

_____

Was meiner Meinung nach daran gelungen ist: _____

_____

Was er von mir und meiner Arbeit zeigt: _____

_____

Was ich anhand dieses Leistungsnachweises gelernt habe:

_____

_____

BERND NUSSINGER:

Wissenskonstruktion in naturwissenschaftlichen Facharbeiten – Beurteilung und erste empirische Befunde

1. Einleitung

Die Frage nach den Kompetenzstufen in den Kompetenzbereichen Wissen und Können von Schülern ist nicht erst seit der Studie „PISA 2000" Gegenstand der öffentlichen bildungspolitischen Debatte. Sie ist ein altes, aber zu verschiedenen Zeiten jeweils anders akzentuiertes Thema. Sie hat zusammen mit der Frage, inwieweit die Schüler durch die Bildungsinstitution Schule auf die Herausforderungen und Anforderungen der heutigen Wissensgesellschaft vorbereitet werden, gerade durch diese Studie an bildungspolitischer Aktualität und Brisanz gewonnen.

Wenn es um Wissen für die Gesellschaft geht, produzieren die Naturwissenschaften einen nicht unerheblichen Teil; zudem prägen sie die heutige Wissensgesellschaft auch durch einen besonderen Umgang mit Wissen. Über den Stellenwert naturwissenschaftlicher Kompetenz besteht trotz der Unterschiedlichkeit der Perspektiven ein weit reichender Konsens: Sie ist ein wichtiger Aspekt von allgemeiner Bildung.

Nach den Lehrplänen des bayerischen Schulwesens soll die Grundschule grundlegende Bildung vermitteln, die Hauptschule eine fundierte, dem Berufsleben zugewandte Allgemeinbildung ermöglichen, die Realschule eine umfassende Allgemeinbildung mit Vorbereitung auf theoretische und praktisch anspruchsvollere Berufe leisten und das Gymnasium eine theoretisch abstrakt und modellhaft vertiefte allgemeine Bildung als Voraussetzung für ein Hochschulstudium und qualifiziertere berufliche Ausbildungen vermitteln.

So macht der Lehrplan für die gymnasiale Oberstufe deutlich, dass neben der reflektierten, fachlichen Spezialisierung und der Fähigkeit zur Transzendenz fachlicher Perspektiven besonders die Vermittlung vertiefter

Allgemeinbildung zählt, mit einer in der Oberstufe verstärkt wissenschaftspropädeutischen Orientierung. Es lässt sich quasi eine Trias der geforderten didaktischen Bildungsziele für den gymnasialen Oberstufenunterricht formulieren: Vertiefte Allgemeinbildung, Wissenschaftspropädeutik und Studierfähigkeit.

Einen wesentlichen Beitrag zum Erreichen dieser Kompetenzen soll die Facharbeit leisten; sie ist gedacht als wissenschaftsbezogene, studienpropädeutische Eigenleistung mit dem Ziel, Selbstständigkeit und eigenverantwortliches Tun in den Arbeitsabläufen zu fördern, Problembewusstsein für kognitive Aufgabenfelder zu schärfen und Urteilskraft zu schulen. Diese intellektuelle Arbeit geschieht vor allem unter dem Erwerb und der Integration von Wissen.

In Bayern ist die Facharbeit seit der Einführung des Kollegstufensystems 1972/73 integraler Bestandteil des Leistungskanons im Kurssystem der Oberstufe. Und in der Schulordnung für die bayerischen Gymnasien ist klar festgelegt, dass in der Kursphase in einem der Leistungskursfächer eine Facharbeit anzufertigen ist, die mit Eintritt in den Ausbildungsabschnitt 12/2 zu beginnen und spätestens am Ende des Ausbildungsabschnittes 13/1 abzuliefern ist.

In welchem Umfang Facharbeiten Wissenskompetenzen bis hin zum Könnertum fördern und somit wesentlich zur Entwicklung von Studierfähigkeit beitragen – diese und andere assoziierte Fragestellungen sind Gegenstand meiner Forschungsarbeit am Lehrstuhl Schulpädagogik (Prof. Dr. Sacher, Universität Erlangen-Nürnberg).

Im Einzelnen geht es um die Fragen :

– Welche Wissenskompetenzstufe und welcher Expertisegrad wird mit der naturwissenschaftlichen Facharbeit erreicht?
– Welche Variablen charakterisieren und determinieren die jeweiligen Kompetenzstufen?
– Welche äußeren Faktoren vermögen den Expertisegrad und die Progression der Kompetenzstufen zu beeinflussen?
– Ist Wissenskonstruktion ein selbst gesteuerter Prozess?
– Wie lassen sich die Kompetenzen „schulisches Können" und „Studierfähigkeit" charakterisieren und beurteilen?

Das eigene Forschungsvorhaben grenzt sich gegen andere Studien zum Thema Wissenserwerb in der Schule vor allem durch folgende theoretische, methodische wie operationale Überlegungen ab:

– Der Untersuchungsbereich beschränkt sich auf die Facharbeiten im Leistungskursfach Biologie.

– Die Arbeit versucht die didaktischen Zielkompetenzen des gymnasialen Oberstufenunterrichts auf der Grundlage eines konzipierten Rahmenmodells zu erklären.
– Die Fragestellungen werden empirisch im Rahmen multimethodischen Vorgehens und abgestimmt auf den Untersuchungsgegenstand quantitativ und qualitativ erforscht.
– Der Begriff und das proximate Verständnis von Wissenskonstruktion basieren auf einer gemäßigt konstruktivistischen Sichtweise.

2. Die theoretische Rahmenkonzeption: Forschungsstand und Zielsetzung

Obwohl die Arbeiten von Gläser und die PISA-Studie zeigen, welche Bedeutung die Entwicklung bereichsspezifischen Wissens für Lernprozesse in der Grundschule bzw. allgemein bei 15-jährigen Schülerinnen und Schülern hat, ist der Forschungsstand, insbesondere der empirische, zu Kompetenzentwicklungen in der gymnasialen Oberstufe außerordentlich defizitär. Gleiches gilt auch für die Entwicklung und Beurteilungen von Wissenskompetenzen.

Innerhalb der naturwissenschaftlichen Fachdidaktiken liegt der Schwerpunkt der Forschung hauptsächlich im Primar- und Sekundarstufenbereich. Es liegen auch kaum empirisch abgesicherte Ergebnisse zur Abgrenzung bzw. Verhältnisbestimmung von Wissen und Können bei Schülern vor. So ist das Expertenbild von Schülerinnen und Schülern der gymnasialen Oberstufe weitgehend unbekannt und empirisch nicht erfasst, obwohl der empirische Forschungsansatz einer Methode des reinen Verstehens und Erklärens sicher vorzuziehen ist; denn eine reine Beschreibung von Können täuscht die Kompetenz nur vor, und explizites Wissen in der Deskription allein ist sicher kein eindeutiger Messparameter für Können. Können kann nur geprüft werden, indem es durch explizites Wissen zu konkreten Erfahrungen in Beziehung gesetzt oder in aktives Tun übergeführt wird, d. h., synoptisch gefasst: Können kann nur durch Können überprüft werden.

Setzt man voraus, dass die Studierfähigkeit eine Könnensform darstellt, dann sind Umfang und Grad der Kompetenzstufe oder des Expertisegrades empirisch zu prüfen. Zwar liegen einige Studien zum Forschungsfeld Studierfähigkeit vor, jedoch ausschließlich aus der Sicht der Hochschule. Diese Forschungslücke versucht die eigene Arbeit zu schließen. Zielsetzung ist dabei jedoch nicht, die Kategorie Allgemeinbildung umfassend zu beleuchten oder vertiefte Allgemeinbildung mit Wissenskompetenz und Können gleichzusetzen. Auch geht die Studie nicht von dem rationalistischen Fehlschluss aus, dass sich ein schulischer Bildungskanon allein aus der Analyse so genannter Schlüsselqualifikationen, welche Gesellschaft und Wirtschaft vorgeben, ableiten lässt. Welche didaktischen Optionen mit dieser Studie eröffnet werden, kann im Rahmen der Fragestellungen zwar nicht systematisch abgehandelt, wohl aber entfaltet und hinsichtlich möglicher Prognosen und didaktischer Konsequenzen diskutiert werden.

3. Untersuchungsdesign und methodisches Vorgehen

Das methodische Vorgehen erfolgt zum einen über standardisierte Erhebungsverfahren, geschlossene Fragen und wird zum anderen durch qualitative Verfahren erweitert. Das quantitative Vorgehen ergibt sich aus den theoretisch-hypothetischen Vorformulierungen von Aussagen und Annahmen zum Gegenstandsbereich und bedingt somit eine Orientierung an einem Erklärungsmodell sowie den empirischen Überprüfungsansatz. So wurde ein Rahmenmodell entwickelt, das den allgemeinen Forschungsstand zu Wissenskompetenzen und kognitiven Stufenprozessen implementiert und schulrelevante Determinanten zur Kategorie Wissen einbezieht (Abb. 1, S. 79).

Die quantitative Befragungstechnik, mit standardisierten, geschlossenen Fragen, impliziert drei Messungen bei zwei Messwiederholungen. Befragt wurden 111 Schüler von Gymnasien der Regierungsbezirke Mittelfranken, Oberpfalz und Oberbayern im Zeitraum Mai/Juni 2002 bis März 2003 (1. Messung Ende Mai 2002, 2. Messung Ende Oktober 2002, 3. Messung Anfang März 2003). Zur Auswertung werden für den geschlossenen Datensatz varianzanalytische Verfahren eingesetzt, die eine simultane Kontrolle mehrerer unabhängiger Variablen ermöglichen und für die statistische Bearbeitung der Fragestellungen gut geeignet sind. Die Datenerhebung erfolgt variablenbezogen.

Der qualitative Ansatz umfasst einen Selbstbeurteilungsfragebogen sowie einen Resümeebogen; diese Fragebögen waren zusammen mit der 3. Messreihe zu bearbeiten. Zusätzlich sollte ein Arbeitstagebuch geführt werden, das der Exploration von Sachverhalten und der alltäglichen Feldsituation dienen sollte. Mit diesem qualitativen Ansatz sollen neben der

Abbildung 1: Theoretisches Rahmenmodell:
Expertise und Wissenskonstruktion

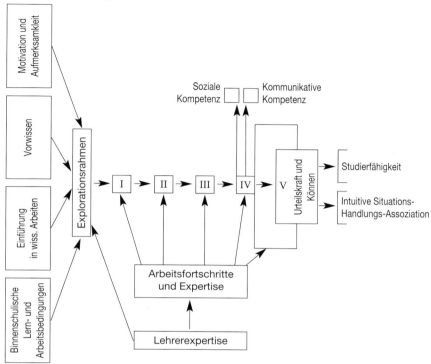

Überprüfung der Hypothesen vor allem Einsichten in die Vorstellungen und das Denken der Untersuchten gewonnen werden, was unter Umständen weitere Hypothesen generieren hilft.

Der Expertisegrad bzw. das Können der Schülerinnen und Schüler wird anhand eines konstruierten Aufgabensatzes getestet. Die Aufgaben zu biologischen Problemstellungen wurden ca. 20 Schülern mit Facharbeit Biologie und 10 Schülern mit Facharbeit in anderen Fächern zur schriftlichen Bearbeitung am Beginn der Facharbeit sowie nach Abschluss der Arbeit vorgelegt. Eine Auswertung der Antworten sowie eine vergleichende Bewertung müssen noch erfolgen.

Daneben werden auch Studenten der Fachrichtung Biologie zur Wissenskompetenz und Studierfähigkeit befragt. Das Verfahren umfasst geschlossene wie offene Fragen. Bisher konnten mehr als 60 Studenten befragt werden. Die Auswertung des Datensatzes steht noch aus.

4. Erste Ergebnisse aus dem laufenden Forschungsprojekt

In der Abbildung 2 sind 23 Variablen aus den fünf Kompetenzstufen des Modells grafisch dargestellt. Die Schüler bestätigen prinzipiell die als Progressionsreihe konzipierten kognitiven Kompetenzstufen und beurteilen den Prozess der Wissenskonstruktion als sehr erfolgreich.
Vergleicht man die beiden Messungen, so fällt auf, dass sich die Variablen „Arbeitsfortschritt", „fortschreitende Wissenskonstruktion", „Wissenskonstruktion" und „Planung und Anwendung" signifikant ändern (vgl. Abbildung 3).
Setzt man nun die Variable „Wissenskonstruktion" zu bestimmten unabhängigen Variablen des Explorationsrahmens wie z. B. Geschlecht, gymnasialer Zweig, Interesse an der Thematik und Einführungskurs in wissenschaftliches Arbeiten in Korrelation, so ergeben sich dynamische Beziehungen: Die vektorielle Grafik (vgl. Abbildung 4) verdeutlicht einerseits, dass die Schülerinnen im Vergleich zu den Schülern Wissenskonstruktion aktiver betreiben und andererseits bei beiden Geschlechtern der Aktivitätsgrad von Messung 1 zu Messung 2 zunimmt.

Abbildung 2: Die Beurteilung der Effekte

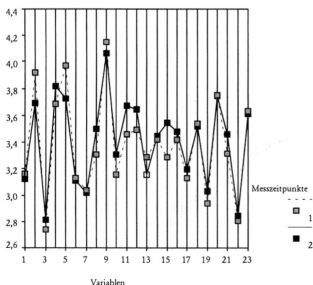

Abbildung 3: Die abhängigen Variablen

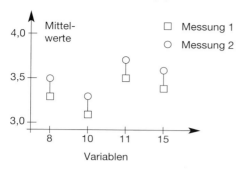

8   Wissenskonstruktion
10 Planung und Anwendung
11 Fortschreitende Wissens-
    konstruktion
15 Arbeitsfortschritt

Abbildung 4: Die Korrelation von Wissenskonstruktion und Geschlecht

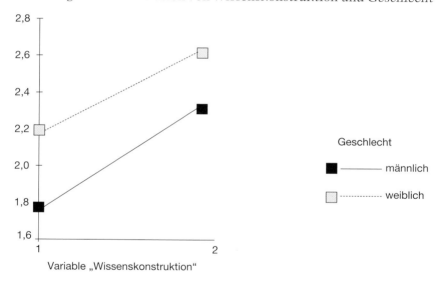

In der Abbildung 5 ist die unabhängige Variable „gymnasialer Zweig" zur Wissenskonstruktion direkt in Beziehung gesetzt. Es zeigt sich, dass die Zustimmungsrate zu der Variablen bei Schülern des humanistischen Zweigs deutlich höher ist; das gilt auch für Korrelationen mit anderen Variablen.

Wissenskonstruktion scheint weiterhin viel enger mit der Subdeterminante „Vorab persönliche Beschäftigung" zu korrelieren als mit den anderen Subdeterminanten der Variablen „Interesse an der Thematik", was der Datensatz der Messung 2 belegt (vgl. Abbildung 6).

Ein weiteres interessantes Ergebnis stellt sich dar, wenn die Antworten zu dem Item „Teilnahme am mehrtägigen Einführungskurs" ebenfalls korrelativ zur Variablen geprüft werden (vgl. Abbildung 7): Die Abbildung lässt erkennen, dass die Effekte zum zweiten Messzeitpunkt größer ausfallen. Hinsichtlich der subjektiven Einschätzung der Untervariablen „Persönliche Beschäftigung" fällt der Unterschied besonders auf. Es ist zu vermuten, dass in der Metareflexion des Arbeitsprozesses diese Untervariablen deutlicher werden. Dabei bewerten die Schülerinnen die Variable „Interesse an der Thematik" mit den Untervariablen insgesamt deutlich positiver als die Schüler (ohne Abbildung).

Die weitere varianzanalytische Auswertung der unabhängigen Variablen „Kursleiter" lässt erkennen, dass die Mittelwerte nicht wesentlich über dem Durchschnittswert und relativ nahe beieinander liegen. Die Effekte sind in der zweiten Messung geringer als in der ersten, aber die Variablen werden noch leicht positiv bewertet (vgl. Abbildung 8).

Inwieweit diese Ergebnisse Rückschlüsse auf die Betreuungsmoral zulassen, die instruktiven Interaktionsbeziehungen für die Wissenskonstruktion relevant sind und wenn, mit welcher Proportionalität, bleibt zu untersuchen.

Die empirische Überprüfung weiterer Variablen der Kompetenzstufen scheint vorerst die Annahmen des theoretischen Modells zu bestätigen. So verdeutlicht die Messung 2 die Korrelation zwischen höheren Kompetenzstufen und abhängigen Variablen wie z.B. „Metakognition" und „Problemorientierte Wissenskonstruktion" sowie „Urteilskraft".

Die Frage nach einer mit der Genese der Facharbeit sich konstituierenden sozialen Kompetenz, kann ab Kompetenzstufe 3 vorsichtig bejaht werden, d.h. es ist zu vermuten, dass Facharbeiten soziale Kompetenzentwicklungen fördern.

Die vorgestellten Ergebnisse sind auf Grund des noch fehlenden Datensatzes der Messung 3 vorerst nur Trends in einem laufenden Forschungsprozess. Doch deuten die Messergebnisse darauf hin, dass Wissenskonstruktion ein aktiver und weitgehend selbstständiger Prozess ist. Auch scheint die Facharbeit bei erster Prüfung des empirischen Materials durchaus ein geeignetes Instrument zur Entwicklung und Stärkung studienpropädeutischer Kompetenzen zu sein.

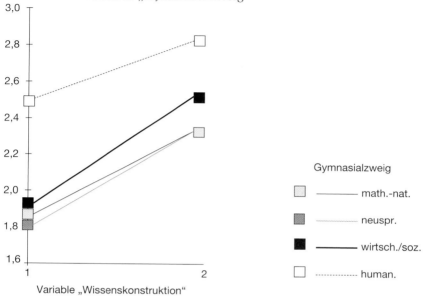

Abbildung 5: Wissenskonstruktion und die unabhängige Variable „Gymnasialzweig"

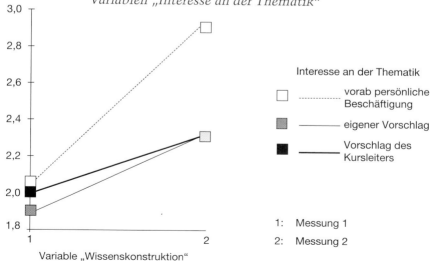

Abbildung 6: Die Korrelation der Wissenskonstruktion mit der Variablen „Interesse an der Thematik"

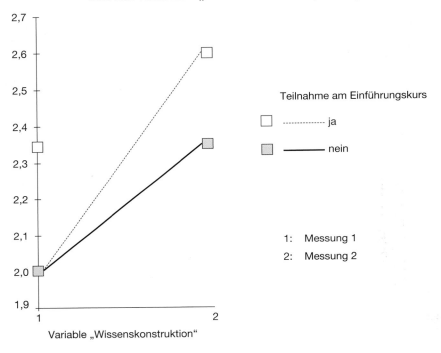

Abbildung 7: Die Korrelation der Wissenskonstruktion
mit der Variablen „Teilnahme am Einführungskurs"

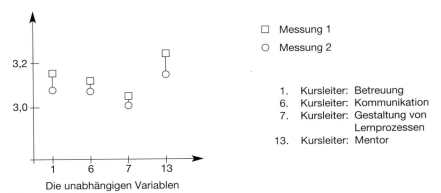

Abbildung 8: Die Beurteilung der unabhängigen Variablen
an den zwei Messzeitpunkten

OSWALD INGLIN:

EBF, Erweiterte Beurteilungsformen: Lernberichte und Lerngespräche am Gymnasium Leonhard in Basel

Ziffernzeugnisse sind ein Instrument der Selektion: Auf Grund einer einfachen rechnerischen Operation kann man feststellen, ob eine Schülerin oder ein Schüler eine geforderte Punktzahl oder einen Notendurchschnitt erreicht hat oder nicht und ob er oder sie entsprechend versetzt oder removiert wird. Als Lernrückmeldung oder gar als prognostisches Mittel sind sie wenig geeignet.

Eine Alternative zu Ziffernzeugnissen sind Lern- oder Lehrberichte, in denen den Schülerinnen und Schülern in Form eines von einer Lehrperson verfassten Textes eine Rückmeldung zu ihrem Lernverhalten und zu ihren Lernfortschritten gegeben wird.

Lernberichte können Ziffernzeugnisse in Schulstufen, wo selektiert werden muss, nicht ersetzen, aber sie können sie ergänzen.

Auf Grund der Reform der Gymnasien im Jahre 1997 wurde in Basel die Jahrespromotion eingeführt (nur noch ein Ziffernzeugnis am Ende des Schuljahres). An Stelle des bisherigen Zeugnisses nach dem ersten Semester erhalten die Schülerinnen und Schüler von ihrer so genannten Betreuungslehrperson einen Lernbericht, wobei sie selbst auch einen Bericht verfassen. Diese beiden Berichte bilden die Grundlage für ein Gespräch zwischen Schülerin, Schüler, Erziehungsberechtigten und Lehrperson.

Grundlage für die Lernberichte bilden die Verordnung über die Zeugnisse, die Promotionen und Remotionen sowie die Lernberichte an den Gymnasien Basel-Stadt (kurz: Lernbeurteilungsverordnung Gymnasien) vom 23. Januar 1996.[29] Kernstück des Abschnitts II über die Lernberichte ist dabei § 13 über den Inhalt der Lernberichte. Er lautet:

---

[29] Die Verordnung kann im ganzen Wortlaut unter der Webpage http://www.gesetzessammlung.bs.ch/sgmain/default.html im PDF-Format eingesehen werden (unter „Suchen" den Begriff „Lernbeurteilungsverordnung" eingeben und in der Auswahl „Lernbeurteilungsverordnung Gymnasien" anklicken).

§ 13. Der Lernbericht dient der Förderung des eigenverantwortlichen Lernverhaltens sowie der Orientierung und hat keine promotionswirksamen Folgen.

²Im Lernbericht werden das Lern- und Arbeitsverhalten und nach Vorgabe der Schulleitung die Erfüllung bestimmter fachlicher Anforderungen beurteilt. Zudem gibt der Lernbericht Aufschluss über die Regelmäßigkeit des Schulbesuchs.

³Er besteht aus einem von den Lehrkräften und einem von der Schülerin oder dem Schüler verfassten Teil. Die beiden Teile sollen unabhängig voneinander erstellt werden.

Das Erstellen der Lernberichte ist im fünfjährigen Basler Gymnasium (Klassen 8 bis 12) in den ersten beiden Jahren obligatorisch. Die einzelnen Gymnasien können selbst entscheiden, ob in der 3. und 4. Klasse auch ein Bericht erstellt wird. Im Abiturjahr wird kein Lernbericht geschrieben.
Bevor nun auf die Einzelheiten des Lernberichts-Systems an den Basler Gymnasien eingegangen werden soll, kurz etwas zur Begründung des Paradigmenwechsels im Rahmen der Gymnasialreform von 1997.

1. Fördernde Beurteilung als Gebot der Zeit

Die Basler Gymnasialreform fand im Rahmen einer allgemeinen Schulreform statt, in der auch die Sekundarstufe I umgebaut wurde: Nach der vierjährigen Primarschule treten alle Basler Schülerinnen und Schüler in eine dreijährige Gesamtschule, die so genannte Orientierungsschule, ein, die notenfrei geführt wird und in der an Stelle von Zeugnissen Lernberichte erstellt werden. Es stellte sich somit für das Gymnasium die Frage, ob und wenn ja, inwiefern dieses System auch auf der Gymnasialstufe Anwendung finden sollte, ohne dass die durch schweizerische Reglemente vorgeschriebene Ziffernnote für die Bewertung im Abitur in Frage gestellt würde.

Im Rahmen der Gymnasialreform wurden von einer Arbeitsgruppe Richtlinien für das neue Gymnasium ausgearbeitet. Auf dem oben dargestellten Hintergrund stellen diese Richtlinien Folgendes fest:[30]

- Promotionen und die damit verbundene Häufung von benoteten Prüfungen bringen große Belastungen für die Lernenden mit sich und steuern das Len- und Lehrverhalten sowie das Unterrichtsgeschehen oft in zu hohem Maße.
- Auch für Gymnasien gilt: Beurteilung soll auch fördernden Charakter haben, differenziertere Rückmeldungen über den Leistungsstand, die Leistungsfähigkeit und das Lernverhalten an die Schülerinnen und Schüler beinhalten sowie Elemente der Fremd- und Selbstbeurteilung umfassen.

2. Jahrespromotion und Lernberichte lehrer- und schülerseits

Konsequenz aus dieser Erkenntnis war die Einführung der Jahrespromotion auf Gymnasialstufe und in Anlehnung an das Beispiel der zubringenden Orientierungsschule die Einführung des Lernberichts des Teams der Lehrerinnen und Lehrer und des Lernberichts der Schülerinnen und Schüler.

Die Jahrespromotion bedeutet, dass die Schülerinnen an Stelle der bisherigen zwei Ziffernzeugnisse pro Schuljahr nur noch eines am Ende des Schuljahres erhalten. Dieses entscheidet über die Versetzung in die nächste Klasse. Im Unterschied zu früher werden Schülerinnen und Schüler nicht mehr auf Grund einer im vorhergegangenen Semesterzeugnis ausgesprochenen Probesetzung nicht versetzt, sondern allenfalls direkt ohne Probesetzung. In anderen Worten: Die Schülerinnen und Schüler befinden sich sozusagen das ganze Jahr auf Probe.

---

30 Vgl. dazu Schlussbericht der Arbeitsgruppe 0.1 der Projekt-Organisation Reform obere Schulen Basel-Stadt (POROS) „Rahmenrichtlinien für die 5-Jahres-Gymnasien des Kantons Basel-Stadt" (Juni 1995), S. 23 f. Die POROS-Arbeitsgruppe 1.1 verfasste den Bericht „Erarbeitung einer Promotionsordnung unter Berücksichtigung der erweiterten Beurteilungsformen" (Januar 1996), der die Grundlage für die Erarbeitung der standortspezifischen Lösungen der einzelnen Gymnasien war. Die Berichte können beim Verfasser eingesehen werden.

An Stelle des Ziffernzeugnisses nach dem ersten Semester treten die Lernberichte, zu denen sich die Richtlinien wie folgt äußern:

> Der *Lernbericht des Teams der Lehrerinnen und Lehrer* dient der Standortbestimmung der Lernenden. Er soll pro Jahr mindestens einmal verfasst werden und kann vor allem mit der Einführung der Jahrespromotion als differenzierter Zwischenbericht, als Standortbestimmung mit Blick auf die Promotion am Ende des Schuljahres eine wichtige Funktion erfüllen.

> Der *Lernbericht der Schülerinnen und Schüler* dient einerseits der Selbsteinschätzung und ermöglicht andererseits den Lernenden, dem Team der Lehrerinnen und Lehrer Rückmeldungen zum Unterricht zu geben. Der Lernbericht der Schülerinnen und Schüler soll zur gleichen Zeit wie der Lernbericht der Lehrkräfte ausgefüllt werden.

> *Beide Lernberichte soll eine Vertreterin/ein Vertreter des Teams mit der Schülerin/dem Schüler besprechen.*

> In den ersten beiden Gymnasialjahren sind die Lernberichte und die Zeugnisse wenigstens einmal pro Jahr Gegenstand eines Gesprächs zwischen einer Vertreterin/einem Vertreter des Teams und der Schülerin/dem Schüler, zu dem auch die *Eltern* eingeladen werden.

3. Der erweiterte Leistungsbegriff am Gymnasium

Nicht nur der bereits existierende Lernbericht an der Zubringerschule zum Gymnasium, der Orientierungsschule, und die oben genannten grundsätzlichen Überlegungen haben zur Einführung der Lernberichte geführt.

Im Jahre 1995 erließ die Schweizer Erziehungsdirektorenkonferenz, vergleichbar mit der deutschen Konferenz der Kultusminister, zusammen mit dem Bundesrat das so genannte Maturitäts-Anerkennungsreglement

(MAR), das die Mindestvoraussetzungen festlegt, nach denen die Kantone Maturitätsprüfungen durchführen müssen, damit diese gesamtschweizerisch anerkannt werden.[31]

In diesem Reglement wird im so genannten „Bildungsartikel 7" ein gegenüber dem Vorgängerreglement erweiterter Leistungsbegriff definiert. Nach wie vor ist es gemäß diesem Reglement erstes Ziel der Maturitätsschulen, grundlegende Kenntnisse zu vermitteln, die Teil jener persönlichen Reife sind, die Voraussetzung für ein Hochschulstudium und für die Übernahme anspruchsvoller Aufgaben in der Gesellschaft ist. Und nach wie vor wird das Charakteristische des Gymnasiums durch seinen hohen Anspruch an die Leistungsbereitschaft und Leistungsfähigkeit im Bereich geistiger Arbeit definiert. Dieses Wissen und diese Leistungsfähigkeit zu überprüfen, soll auch weiterhin ein wesentlicher Teil von Maturitätsprüfungen sein.

Diesem Kenntnis- und Leistungsaspekt wird aber neu ein Fertigkeitsaspekt gegenübergestellt, der mit folgenden Stichworten umschrieben wird:

– Fähigkeit zum selbstständigen kritischen Denken und Urteilen
– *Fähigkeit, sich Zugang zu neuem Wissen zu erschließen*
– Entfaltung der Kommunikationsfähigkeit
– Fähigkeit, allein und in Gruppen zu arbeiten
– Fähigkeit zum intuitiven, analogen und vernetzten Denken.

Rückmeldungen zu diesen Punkten lassen sich nicht oder nur teilweise mit Ziffernnoten geben, Lernberichte können dies allerdings leisten.

4. Erarbeitung der Lernberichtsstruktur als Schulentwicklungsprozess an den einzelnen Schulen

Die Erarbeitung der standorteigenen Ausgestaltung der Erweiterten Beurteilungsformen war Teil eines Schulentwicklungsprozesses jedes einzelnen Gymnasiums. Im Folgenden wird die Lösung des Basler Gymnasiums Leonhard etwas detaillierter dargestellt. Die Erarbeitung der

---

31 Das vollständige MAR kann unter http://www.gesetzessammlung.bs.ch/sgmain/ default.html im PDF-Format eingesehen werden (unter „Suchen" den Begriff „MAR" eingeben und in der Auswahl „Maturitäts-Anerkennungsreglement MAR" anklicken).

Berichtsformulare durch die entsprechende Arbeitsgruppe[32] stand u. a. unter folgenden Zielsetzungen:

– Die Lernberichte sollen den erweiterten Leistungsbegriff abbilden. Das heißt: Sämtliche Kompetenzfelder, die im schweizerischen Maturitäts-Anerkennungsreglement, im Rahmenlehrplan der Eidgenössischen Erziehungsdirektoren-Konferenz, im Leitbild des Bildungsplans der Gymnasien Basel-Stadt,[33] im Leitbild[34] und in den Lehrplänen des Gymnasiums Leonhard beschrieben sind, sollen in den Lernberichten erfasst werden.
– Die Lernberichte sollen Elemente der Fremd- und Selbstbeurteilung enthalten.
– Die Lernberichte sollen differenzierte Rückmeldungen über das Lernen und den Unterricht in beiden Richtungen zulassen und so den Dialog zwischen den Lernenden und Lehrenden fördern.
– Die Beurteilung, die mit den Lernberichten erfasst wird, soll formativen Charakter haben.

Nun zu den Berichten im Einzelnen.

Der Schüler-Lernbericht

Die Klassenlehrpersonen lassen zum Semesterwechsel in einer so genannten Klassenstunde (i. e. eine Lektion pro Woche, die von der Klassenlehrperson erteilt wird und in der kein Fachunterricht stattfindet, sondern in welcher Klassengeschäfte besprochen werden und Aktivitäten zur Förderung des Klassenklimas stattfinden) von Schülerinnen und Schülern einen Lernbericht, den so genannten Schüler-Lernbericht, ausfüllen. Diese sind in der 1. Gymnasialklasse vor dem Ausfüllen dieses Berichts ausführlich über den Ablauf des Lernbericht-Systems orientiert worden. Die Schüler-Lernberichte dienen einerseits als Feed-back für die Schule und andererseits sollen sie die Schülerinnen und Schüler anregen, über Wichtiges nachzudenken.

---

32 Die in der Folge in Auszügen angeführten Formulare wurden von einer Arbeitsgruppe unter der maßgeblichen Leitung des damaligen Rektors des Gymnasiums Leonhard, Herrn Hans Georg Signer, erarbeitet.
33 Der Bildungsplan der Gymnasien Basel-Stadt kann unter http://www.edubs.ch/die_schulen/schulen_bs/publikationen eingesehen werden.
34 Das Leitbild des Gymnasiums Leonhard kann unter der Webpage des Gymnasiums Leonhard heruntergeladen werden: http://www.gyml.unibas.ch > Leitbild.

Der Bericht ist folgendermaßen aufgebaut: Die Schülerinnen und Schüler äußern sich nach Fächern getrennt zu folgenden Aussagen, wobei die Ziffer 1 „meist", die Ziffer 2 „oft", die Ziffer 3 „gelegentlich" und die Ziffer 4 „selten" bedeutet.

FACH	D				F				E				M			
	1	2	3	4	1	2	3	4	1	2	3	4	1	2	3	4
Dieses Fach interessiert mich.																
In diesem Fach setze ich mich in den Stunden aktiv ein.																
Ich verfolge den Unterricht konzentriert und ruhig.																
Ich komme gut vorbereitet in die Stunde.																
In diesem Fach lohnt sich meine Anstrengung.																
Ich kann mit der zur Verfügung gestellten Zeit gut umgehen.																

Im zweiten Teil des Berichts müssen sich die Schülerinnen und Schüler generell zu ihrer Lernsituation äußern:

	1	2	3	4
Ich achte auf sorgfältige Darstellung.				
Bei Schwierigkeiten arbeite ich weiter und gebe nicht sofort auf.				
Nach schriftlichen Arbeiten versuche ich, aus gemachten Fehlern zu lernen.				
Ich kann in dieser Klasse gut lernen.				
Ich höre den anderen zu, wenn diese etwas sagen.				
In Gruppen arbeite ich gut mit.				

Im dritten und vierten Teil müssen sich die Schülerinnen und Schüler in kurzen Sätzen zu folgenden Fragen äußern, die je nach Schulstufe anders formuliert sind. Im Folgenden sind die Fragen des Lernberichts der 1. Gymnasialklasse aufgeführt:[35]

– Was ist dein wichtigster Wunsch an die Schule?
– Ist dir der Wechsel ins Gymnasium gut gelungen? Was war gut, schwierig, was anders als erwartet?
– Was nimmst du dir für das zweite Semester vor?
– Und was ich noch sagen wollte.

Die Klassenlehrpersonen sammeln die Lernberichte ein und legen sie in einem Klassenordner zur Einsichtnahme durch alle Lehrpersonen, die in der Klasse unterrichten, im Lehrerzimmer ab.

Der Interne Beobachtungs- und Beurteilungsbogen

Zeitgleich zum Schüler-Lernbericht füllen die Lehrpersonen einer Klasse pro Schülerin oder Schüler den Internen Beobachtungs- und Beurteilungsbogen aus. Darin äußern sie sich in einem ersten Teil in Stichworten über die Leistungsfähigkeit, das Arbeits-, Lern- und Sozialverhalten der Schülerin oder des Schülers und/oder füllen in einem zweiten Teil folgende Tabelle teilweise oder ganz aus. Unten sind als Beispiel wiederum die Berichtspunkte der 1. Klasse aufgeführt.

Auch diese Bögen werden im Klassenordner abgelegt.

Der Lehrer-Lernbericht

In der Folge formuliert die so genannte Betreuungslehrperson, die jeder Schülerin und jedem Schüler im Rahmen einer der ersten Konferenzen des Lehrerteams einer Klasse zugeteilt worden ist, auf der Basis der eigenen Wahrnehmungen, des Schüler-Lernberichts und des Internen Beobachtungs- und Beurteilungsbogens einen Entwurf eines Lernberichts. Die Entwürfe werden anlässlich einer Konferenz des Lehrerteams bereinigt. Nach der Konferenz schreibt die Betreuungslehrperson den Lehrer-Lernbericht auf einem dafür vorgesehenen Formular ins Reine und gibt eine Kopie davon dem Schüler oder der Schülerin zuhanden der Erziehungsberechtigten ab.

---

35 Ein vollständiger Satz der Formulare für alle Klassenstufen kann beim Verfasser angefordert werden.

FACH	D				F				E				M			
	1	2	3	4	1	2	3	4	1	2	3	4	1	2	3	4
Zeigt Interesse an diesem Fach																
Beteiligt sich aktiv am Unterricht																
Verfolgt den Unterricht konzentriert und ruhig																
Kommt gut vorbereitet zum Unterricht																
Aufwand und Ertrag stehen in angemessenem Verhältnis																
Ich kann mit der zur Verfügung gestellten Zeit gut umgehen																
Fähigkeit, in gewährten Freiräumen Verantwortung zu übernehmen																
Fähigkeit, sich Wissen und Fertigkeiten anzueignen																
Fähigkeit, mit Wissen und Fertigkeiten selbstständig weiterzuarbeiten																
Fähigkeit, sich angemessen auszudrücken																
Fähigkeit, zielgerichtet zu arbeiten, auch wenn Schwierigkeiten auftreten																
Fähigkeit zum gemeinsamen Arbeiten																

Das Lerngespräch

In der Folge werden die Schülerinnen und Schüler zusammen mit den Erziehungsberechtigten zu einem Lerngespräch ins Schulhaus eingeladen. Anlässlich dieses Gesprächs wird der Lehrer-Lernbericht besprochen. Auf Grund des Gesprächs werden allenfalls Abmachungen getroffen (z. B. in Form eines Lernkontrakts) und auf der Rückseite des Lehrer-Lernberichts schriftlich festgehalten. Auf dem gleichen Formular bezeugen die Schülerin oder Schüler, die Erziehungsberechtigten und die Betreuungslehrperson mit ihrer Unterschrift, dass das Lerngespräch stattgefunden hat und allenfalls Abmachungen getroffen wurden.

Die unterschriebenen Lehrer-Lernberichte werden schließlich auch in den Klassenordner abgelegt.

Der Fach-Lernbericht

In der 2., 3. und 4. Klasse schreiben die Schülerinnen und Schüler zudem zu jeweils zwei Fächern zuhanden der entsprechenden Fachlehrperson einen so genannten Fach-Lernbericht. Darin haben sie sich zu folgenden vier Fragen zu äußern:

1. *Was habe ich gelernt?*
   Welche Lernziele habe ich erreicht, welche noch nicht?
2. *Wie habe ich gelernt?*
   Erfolge, Schwierigkeiten, Schwerpunkte, Zeitaufwand, Motivation
3. *Rückmeldungen zu Unterricht und Fach-Lehrerin/Fach-Lehrer*
   Klarheit der Ziele, Unterrichtsgestaltung, Kontakt zu mir
4. *Ausblick*
   Vorsätze, Erwartungen

Die Fachlehrperson kann eine fünfte Frage individuell stellen.

Insgesamt wird über vier Fächer berichtet. Je eine Halbklasse schreibt über zwei Fächer, die das Lehrerteam bestimmt hat, und über zwei Fächer, die Schülerinnen und Schüler im Rahmen einer Klassenstunde bestimmt haben.

Auch diese Berichte werden von den Schülerinnen und Schülern in einer Klassenstunde ausgefüllt und der entsprechenden Fachlehrperson persönlich übergeben. Diese nimmt zum Bericht auf dem gleichen Formular schriftlich in Form eines Briefes Stellung und gibt es der Schülerin/dem Schüler zurück. Dieser Bericht bleibt im Besitz der Schülerin oder des Schülers.

In der Folge soll auf einige allgemeine Aspekte des Lernbericht-Prinzips eingegangen werden.

Lernberichte steuern die Beobachtung von Schülerinnen
und Schülern durch die Lehrkräfte.

Unter dem „alten" Ziffernnotenregime musste die Lehrperson über ihre Beurteilung des Schülers oder der Schülerin eigentlich keine Rechenschaft ablegen. Sie konnte seine Note kommentarlos ins Zeugnis setzen. Inwiefern sie ihren Schülerinnen und Schülern im Verlaufe des Unterrichts – z. B. anlässlich der Rückgabe von Klassenarbeiten – eine Rückmeldung zum Lernverhalten gab, lag im eigenen Ermessen.

Mit der Einführung der Lernberichte wurde von Lehrpersonen verlangt, sich zu genau festgelegten Berichtpunkten zu den Schülerinnen und Schülern zu äußern. Nimmt man diese Aufgabe professionell war, so kann man nicht kurz vor dem Verfassen oder während des Verfassens des Lernberichts die Klasse Revue passieren lassen und aus dem Handgelenk heraus schnell etwas zu jedem oder jeder hinschreiben, das Hand und Fuß hat.

Ich selbst habe mir in meinem persönlichen Klassenbuch die Berichtpunkte hinter jedem Namen kolonnenmäßig aufgeführt und bemühe mich, jede Schülerin und jeden Schüler regelmäßig unter jeweils einem Gesichtspunkt während einer Stunde zu beobachten. Auf diese Weise hat sich meine Wahrnehmung der Klassen wesentlich geschärft, und es fällt mir auch leichter, mit schwächeren Schülern ein ersprießliches Gespräch zu führen, ohne gleich innerlich die Achseln zu zucken und zu denken, dass es sich halt einfach um eine schwache Schülerin oder einen schwachen Schüler handelt.

Lernberichte fördern den Dialog unter den Lehrkräften
über einzelne Schülerinnen und Schüler.

Einer der größten Gewinne dieses System liegt meines Erachtens auch in der Notwendigkeit, dass sich die Lehrpersonen eines Klassenteams über die Schülerinnen und Schüler differenziert unterhalten müssen. Auf diese Weise lassen sich eigene Beobachtungen bestätigen, aber auch Vorurteile bereinigen. Anlässlich dieser so genannten Klassenkonferenzen erhalte ich durch die Berichte meiner Kolleginnen und Kollegen ein runderes Bild meiner Schülerinnen und Schüler, erfahre oft auch Dinge aus dem privaten Bereich, die in meinen Stunden so nicht zum Vorschein gekommen wären. So fällt z. B. das Einbringen persönlicher Dinge im Deutschunterricht meines Kollegen oder meiner Kollegin leichter als z. B. bei mir im Englischunterricht. Auch sprechen Lehrpersonen anlässlich dieser Konferenzen über Mittel und Wege, an schwierige Schülerinnen und Schüler heranzukommen. Zum ersten Mal hatte ich auch das Gefühl, dass diese Sitzungen mit Pädagogik etwas zu tun hatten, während früher oft nur summarisch über die eigene unfehlbare Methode der Leistungsbeurteilung referiert wurde.

Mehraufwand ja oder nein?

Das Verfassen von Lernberichten und das Durchführen von Lernberichtsgesprächen erfordern Zeit. Heißt dies nun, dass den Lehrkräften – einmal mehr – etwas mehr Arbeit aufgebürdet wird? Durch die Jahrespromotion entfällt der Notenabschlusstermin nach dem ersten Semester. Das heißt, die Klassenarbeiten und mündlichen Leistungskontrollen können über ein ganzes Schuljahr verteilt werden. Auf diese Weise kann auch die obligatorische Anzahl der Klassenarbeiten und anderen Leistungsnachweisen reduziert werden. In anderen Worten: Der geringere Korrekturaufwand durch die kleinere Anzahl der Klassenarbeiten kompensiert den Mehraufwand für die Arbeiten im Zusammenhang mit den Lernberichten.

Beurteilung als zentrales Feld der Schulentwicklung und Qualitätssicherung

Die Art und Weise, wie an einer Schule beurteilt wird, steuert maßgeblich die zentralen Prozesse an einer Schule: die Beurteilungskultur, wenn wir sie einmal so nennen wollen, hat Auswirkungen auf die Lehrplanentwicklung und -umsetzung, auf die Didaktik, auf das Lernen, auf die Kommunikations- und Zusammenarbeitsmuster und auf das Schulklima. Insofern muss das Beurteilungssystem zu einem permanenten Entwicklungsprojekt einer Schule werden und insofern muss die Überwachung dieses Systems einer der wichtigsten qualitätssichernden Aufgaben der Schulleitung sein.

Es ist deshalb wesentlich, dass die Schulleitung die Qualität der Lernberichte, die das unter ihrer Verantwortung stehende Kollegium verfasst, stichprobenartig kontrolliert. Kolleginnen und Kollegen, die sich das Abfassen von Lernberichten sehr einfach machen, müssen auf ihre Aufgabe aufmerksam gemacht werden.

Am Gymnasium Leonhard in Basel hat die Schulleitung festgestellt, dass das System nach dem nunmehr siebten Durchlauf Abnützungserscheinungen aufweist und eine gewisse Routine beim Erstellen der Berichte auch zu Oberflächlichkeiten führt. Diesen Tendenzen muss die Schulleitung entgegentreten, will sie nicht eines der entscheidendsten Qualitätsmerkmale des fördernden Unterrichts überhaupt preisgeben.

Lernberichte als neue Dimension der Elternarbeit

Haben Elterngespräche in der Vergangenheit oft nur auf Grund von Krisensituationen stattgefunden, so sind sie mit dem Lernberichtssystem eine Selbstverständlichkeit. Dieser institutionalisierte Kontakt mit den Erziehungsberechtigten ist ein weiterer großer Gewinn des Systems. In der Vergangenheit habe ich oft festgestellt, dass die vorgeladenen Eltern in die Schule kamen, wie gesagt, meist auf Grund irgendeines Alarmsignals, und sich dort den Monolog der Lehrkraft anhörten oder anhören mussten.

Grundlage des Elterngesprächs im Lernberichtssystem sind der Lernbericht der betreuenden Lehrperson und der Lernbericht der Schülerin oder des Schülers. Beide Berichte sind allen Beteiligten vor dem Gespräch bekannt, und man kann sich entsprechend vorbereiten.

Trotz dieses Vorlaufes habe ich festgestellt, dass die Eltern nach wie vor anlässlich des eigentlichen Gesprächs sehr zurückhaltend sind. Ich bin deshalb dazu übergegangen, dass ich die Schülerinnen und Schüler auffordere, auf Grund der beiden Berichte eine Art Traktandenliste für das Gespräch zusammen mit den Eltern vorzubereiten und mir vor dem Gespräch zukommen zu lassen. Auf diese Weise findet eine noch intensivere Auseinandersetzung mit den Berichten statt und entsprechend fruchtbarer wird das Gespräch.

Formatives versus summatives Beurteilen

Die Einführung des Lernberichtsprinzips war einer der bedeutendsten Änderungen im Rahmen der Basler Gymnasialreform. In den Kollegien hat dieser Kulturwechsel in der Schülerbeurteilung vieles bewirkt. Dem traditionellen Schwergewicht auf der – vor allem auf Selektion ausgerichteten – summativen Beurteilung von Schülerinnen und Schülern wurde das wesentliche Element der formativen Beurteilung zur Seite gestellt, ohne dass die summative Komponente deswegen aufgeweicht oder in Frage gestellt worden wäre.

Mir persönlich hat das Lernberichtssystem geholfen, meine Schülerinnen und Schüler differenzierter zu beobachten, ihnen differenzierteres Feed-back zu geben und ihnen auch gezielter helfen zu können. Die bisher mit diesem System gemachten Erfahrungen bedeuten für mich aber auch eine echte Steigerung meiner Arbeitszufriedenheit. In vielerlei Hinsicht ist der dem Leistungsgymnasium immanenten Sprachlosigkeit vis-a-vis Schülerinnen und Schülern, Eltern, aber auch Kolleginnen und Kollegen gegenüber eine neue kommunikative Offenheit entstanden, die ich nicht mehr missen möchte.

URS RUF:

Lerndiagnostik und Leistungsbewertung in der Dialogischen Didaktik. Über das produktive Zusammenwirken unterschiedlicher Normen bei der dialogischen Genese des Wissens

Die Ergebnisse der PISA-Studie geben immer wieder Anlass zur Frage, was denn nun sinnvoll getan werden soll. Die Antwort scheint auf der Hand zu liegen: noch mehr Aufgaben der Art, die unsere Schülerinnen und Schüler nicht lösen konnten, noch mehr üben. Ich schlage hier einen anderen Weg vor. Wir müssen unsere Lehr-Lern-Arrangements unter pädagogischen und lernpsychologischen Gesichtspunkten überprüfen und verbessern. Ziel ist es, einen besseren Unterricht zu machen, dann stellen sich bessere Resultate in späteren Studien von selbst ein: als Nebeneffekt gleichsam.

1. Unterricht als Austausch unter Ungleichen

Der Begriff „Norm" steht im Zentrum des Unterrichts und der folgenden Ausführungen. Er stammt aus dem Griechischen und bezeichnete ursprünglich die Werkzeuge von Baumeistern: den rechten Winkel, den man braucht, um Häuser zu bauen. Die Norm ist ein Werkzeug für den praktischen Gebrauch. In der Dialogischen Didaktik, die ich hier vertrete, wird Unterricht verstanden als Austausch unter Menschen, die sich an unterschiedlichen Normen orientieren und die bei der Bewältigung von Aufgaben unterschiedliche Werkzeuge gebrauchen. Unterricht zielt darauf, die je vorhandenen Werkzeuge oder Kompetenzen der Novizen in Werkzeuge oder Kompetenzen umzubauen, wie sie die Experten in einem Fachgebiet benützen. Dies geschieht in einem Dialog zwischen

Lehrenden und Lernenden. Lehrkräfte müssen in diesem Dialog ebenso viel Zeit und Energie aufwenden, um ihre Schülerinnen und Schüler zu verstehen, wie die Schülerinnen und Schüler Zeit und Energie aufwenden, um ihre Lehrkräfte und ihre Lernpartner zu verstehen. Strukturierende Elemente des Dialogs sind die Instrumente der Dialogischen Didaktik, die in einem verbindenden und verbindlichen Kreislauf miteinander verbunden sind: Kernidee, offener Auftrag, Lernjournal, Rückmeldung, Autografensammlung, mehrdimensionale Leistungsbewertung. Bewertet werden Leistungen in der Dimension Prozess und in der Dimension Produkt. Alle Leistungen zielen auf den Gebrauch und die Entwicklung von Werkzeugen im Blick auf zunehmende Professionalität.

Es sind also nicht nur die Lehrkräfte, die im Besitz von Werkzeugen sind, sondern auch die Schülerinnen und Schüler bringen solche mit in den Unterricht. Ihre Köpfe sind nicht leer, wenn der Unterricht beginnt. Unterricht wird oft, um ein Bild zu gebrauchen, organisiert wie ein Möbeltransport. In den Köpfen der Schüler, so stellt man sich vor, gebe es eine Menge von leeren Wohnungen. Also fährt die Lehrkraft mit einem Lastwagen voll schöner neuer Möbel vor und versucht die Köpfe damit zu füllen. Aber in den Köpfen der Schüler hat es keine leeren Zimmer. Alles ist schon voll gestopft mit Möbeln eigener Art. Gelingt es der Lehrkraft nicht, die Schüler zu motivieren und anzuleiten, alte Möbel umzubauen oder wegzuräumen und den Wohnraum neu organisieren, bringt sie die schönsten und teuersten Möbel umsonst.

2. Erklären, was man denkt und tut – verstehen, was andere denken und tun

Die Dialogische Didaktik ist entlang zweier polarer Fächer, nämlich Deutsch und Mathematik, entwickelt worden. Ziel war, eine Didaktik zu entwickeln, die in beiden Fächern funktioniert. Mathematik geht häufig von Fragen aus, um zu Lösungen zu kommen, Deutsch geht häufig von Lösungen, z. B. Texten und Gedichten, aus und entwickelt Interpretationsverfahren. Die Fähigkeit, schnell von Fragen zu Lösungen zu kommen, ist ohne Zweifel ein Ziel des Unterrichts, aber es ist nicht das, was man tagtäglich übt. Man stelle sich nur vor, ein 100-Meter-Läufer würde tagtäglich nichts anderes tun, als 100 Meter zu laufen. Er würde sein Ziel, ein guter 100-Meter-Läufer zu werden, nie erreichen. Und so ist es auch mit der Routine und dem Können in Sprache und Mathematik.

Es genügt nicht, das schnelle Hin und Her zwischen Fragen und Antworten täglich zu üben.

Damit Schülerinnen und Schüler ihre sprachlichen und mathematischen Fähigkeiten entwickeln können, braucht es neben der horizontalen Dimension des Könnens eine andere, vertikale Dimension, und diese Dimension ist das Gespräch. Was die Dialogische Didaktik macht, ist Folgendes: Sie übernimmt das Modell, schnell von Fragen zu Lösungen zu kommen, legt aber die zweite, vertikale Dimension dazu an, den Dialog zwischen Lehrenden und Lernenden. Sie haben also – gewissermaßen horizontal – das reguläre Funktionieren der Schülerinnen und Schüler in einem Fach, in der Vertikalen aber zusätzlich einen Austausch unter Menschen. Und hier gibt es drei Positionen, die alle am Unterricht beteiligten Menschen, Lehrende und Lernende, einnehmen können. Die Ich-Position, in der Novizen oder Experten unter dem Aspekt „Ich mache das so!" darlegen, wie sie die Sache sehen und wie sie ein Problem anpacken und lösen. In der Du-Position antwortet ein Zuhörer dem Ich, nimmt dessen Perspektive ein und erklärt, wie er das Ich verstanden hat und was er darüber denkt. Wer die Wir-Position einnimmt, versucht Überblick über den Gang des Gesprächs und über das zu gewinnen, was man gemeinsam erkannt und worüber man sich verständigt hat. Das ist die gemeinsame Basis für die Fortsetzung des Gesprächs.

3. Personale, soziale und fachliche Aspekte der Handlungskompetenz

In diesem Modell ist ein Aspekt ganz wichtig: die Entwicklung von Handlungskompetenz. Das ist ein Begriff, der seit PISA und den Ausführungen von Weinert zu einem zentralen Begriff geworden ist. Jeder Mensch hat irgend eine Art von Handlungskompetenz. Die Frage ist, wie eine fachbezogene Handlungskompetenz im Unterricht entwickelt wird. Vereinfacht formuliert umfasst das Modell der fachbezogenen Handlungskompetenz die Voraussetzungen, die es einer Person ermöglichen, sich gegenüber einem fachlichen Problem professionell zu verhalten. Zur Handlungskompetenz gehört nun aber nicht nur das deklarative und prozedurale Fachwissen – also die Horizontale –, sondern auch Soziales, nämlich die Fähigkeit, sich in einer Community zu bewegen und die Perspektive anderer Mitglieder der Community einzunehmen. Dabei ist die Community der Mathematiker natürlich eine ganz andere als die der Germanisten. Was schließlich auch noch zum Aufbau von Handlungskompetenz gehört, ist die personale Basis für kompetentes fachliches Handeln: eine ausgeprägte Reflexionsfähigkeit, eine ausreichende Sach-, Lern- und Leistungsmotivation und ein konstruktives Selbst-, Werte- und Sinnkonzept. All das gehört zum Begriff der Handlungskompetenz, und es ist ein zentraler Punkt der Dialogischen Didaktik, dass diese personalen und sozialen Kompetenzen in jedem Fach und bei jeder Aufgabe simultan mit den fachlichen Kompetenzen aufgebaut werden. Also nicht personale Kompetenz und Sozialkompetenz auf der Schulreise und beim Würstchenbraten und das Fachliche im Unterricht, sondern alle Kompetenzen sollen gemeinsam miteinander entwickelt werden, und zwar in jedem Fach von Grund auf. Zur Handlungskompetenz gehört auch eine Metakompetenz, also das Wissen darum, dass man etwas weiß, und die Fähigkeit, sich von außen her zu beobachten, zu kontrollieren und zu steuern. Metakompetenz ist Expertise gegenüber sich selbst als Wissender, Lernender und Handelnder.

4. Vom Ich über das Du zum Wir

In der Dialogischen Didaktik unterscheidet man drei wichtige Phasen beim Aufbau von Handlungs- und Metakompetenz. Die erste Phase stellt die Person, die sich mit einer Sache auseinander setzt, in den Mittelpunkt, den „Dialog" zwischen Person und Sache. Das geschieht häufig so, dass die Person mit einer Aufgabe bzw. einem Problem konfrontiert wird, *bevor* sie die Algorithmen, die Lösungstechniken, besitzt, um diese Aufgaben zu bewältigen. Das ist eine sehr wichtige Stufe, weil nur so das Vorwissen der Person und ihre personalen Kompetenzen sichtbar und damit auch beeinflussbar werden. Um im oben erwähnten Bild zu bleiben, werden nur so die Möbel sichtbar, die eine Person schon im Kopf hat und benutzen kann. Nur so ist auch die Grenze erkennbar, wo Zusatzwissen vermittelt werden muss, weil die Lernenden einen Irrweg verfolgen oder aus eigener Kraft nicht mehr weiterkommen. In dieser ersten Phase werden die Schülerinnen und Schüler also lernen zu sagen, wie Dinge auf sie wirken und wie sie Probleme aus eigener Kraft anpacken und lösen können. Sie werden aufgefordert, die Art, wie sie Dinge verstehen, schriftlich zu dokumentieren. Es entsteht ein Lernjournal, in dem die Schülerinnen und Schüler ihren individuellen Zugang zur Problemlösung festhalten. In der nächsten Phase befassen sich die Schüler mit den im Lernjournal dokumentierten Lernwegen von Lernpartnern, die sich mit dem gleichen Problem befasst haben. In der Wissenschaft ist das etwas ganz Selbstverständliches. Man schaut, was links und rechts von einem geschieht, wechselt die Perspektive. Auf die Phase der Produktion folgt also die Phase der Rezeption. Hier geht es darum, die Leistung eines anderen zu würdigen und dieser anderen Person eine Rückmeldung zu geben. Maßgebend sind die folgenden Leitfragen: Wie bist du vorgegangen? Was hast du herausgefunden? Was ist gelungen?

In der dritten Phase schaut man sich an, wie man gemeinsam weiterkommt, eine professionelle Problemlösung herbeiführt. Es geht nun darum, aus den verschiedenen Lernjournalen die besten Ideen zusammenzutragen, die Erfolg versprechenden Lösungswege miteinander zu vergleichen und sie mit dem Fachwissen in Verbindung zu bringen. Jetzt geht es darum, zu abstrahieren, zu generalisieren, Begriffe zu bilden, Verfahren festzulegen, Instrumente herzustellen und Qualitätskriterien zu formulieren.

Zwei Beispiele sollen im Folgenden das Konzept der Dialogischen Didaktik konkretisieren, eines aus dem Bereich Deutsch und eines aus der Mathematik.[36] Zuerst ein Vergleich der beiden Fächer. Im Deutschunterricht ist die Situation oft so, dass die Schülerinnen und Schüler viel können, aber nur wenig darüber wissen. Man kann sie auffordern, einen Aufsatz zu schreiben, und erstaunlicherweise glauben alle, dass sie das können, und fangen an zu schreiben. Hier hat man als Lehrkraft noch kein Problem. Man hat aber eines, wenn man die „Aufsätze" zurückgibt und die Schüler bittet, die Sache zu überarbeiten und das eigene Arbeiten zu reflektieren. In der Mathematik ist es genau umgekehrt: Die Schülerinnen und Schüler haben enorm viel Wissen über Mathematik, aber sie können oft nichts damit anfangen. Sie haben den Kopf voll Formeln und Theorien, aber wenn ein Problem auftaucht, wissen sie nicht, welchen Algorithmus sie nehmen müssen.

5. Wie lernt man spannend erzählen?

Im Fach Deutsch mit einer Gymnasialklasse (7. Schuljahr) hatte ich mir das Ziel gesetzt, ein Projekt zum Thema „Spannend erzählen" durchzuführen und daran explizit zu machen, was die Schülerinnen und Schüler schon können und weitere Werkzeuge zur Bearbeitung des Themas herzustellen bzw. verfügbar zu machen. Das Ziel des Semesters war schockierend einfach: Die Schüler hatten ein Semester lang Zeit, um eine einzige wirklich spannende Geschichte zu erfinden und in einer perfekten Form mündlich und schriftlich zu präsentieren. Zusätzlich sollten sie

36 Eine ausführliche Darstellung der beiden Beispiele findet sich in Ruf/Gallin 1999.

am Ende des Semesters im Sinne des erwähnten 100-Meter-Laufes unter Beweis stellen, dass sie nun – als Nebeneffekt dieses intensiven Lernprozesses – in der Lage sind, in 90 Minuten unter traditionellen schulischen Prüfungsbedingungen zu einem beliebig widerwärtig und langweiligen Thema eine spannende Geschichte zu schreiben.

Vier Standards fachlicher Art wurden vorgegeben, die zeigen, wie man eine solche Geschichte „macht", so genannte Kernideen. Kernideen sind Standards, die einem Anfänger schnell sagen, was der Witz der Sache ist. Erstens: Einfälle hat jeder, aber man muss sie zu Papier bringen. Zweitens: Von Profis kann man lernen. (Es gibt ja schon spannende Geschichten und wenn man schaut, wie sie gemacht sind, stößt man auf Werkzeuge, die man auch benützen kann.) Dritter Standard: Sätze kann man so oder anders bauen. Spannung entsteht von Wort zu Wort, von Satz zu Satz. (Das war die eigentliche Herausforderung in diesem Semester: Die Einsicht, dass beim Erzeugen von Spannung nicht die Inhalte das Entscheidende sind, sondern die Art der Darstellung. Wer in der Lage ist, ein inhaltlich unspektakuläres Thema spannend zu gestalten, hat begriffen, worum es geht.) Viertens: Eine Geschichte ist erst fertig, wenn sie bei ihrem Publikum angekommen ist. (Diesen Standard haben die Schüler präzisiert. Spannung, so ihr Kriterium, erzeugt ein Kribbeln zwischen Brust und Bauch. Damit war für das ganze Semester klar, was man erreichen will: bei den Mitschülern dieses Kribbeln zu erzeugen.)

6. Das Portfolio als Basis für die Zeugnisnote

Zunächst noch ein Wort zu dem oben schon erwähnten Lernjournal. Das Lernjournal ist die Basis der Leistungsbeurteilung, zusammen mit den Prüfungen und den Produkten aus den Lernprozessen ist es die Grundlage für die Zeugnisnote. Die Note basiert auf dem gesamten Portfolio inklusive Lernjournal. Im Journal wird der gesamte Unterricht dokumentiert, und sämtliche Leistungen der Schülerinnen und Schüler werden für sie nachvollziehbar beurteilt und mit einem vierwertigen Bewertungssystem grob qualifiziert. Wer wissen will, was im Unterricht gemacht wurde, kann sich im Lernjournal nicht nur über die Entwicklung und den Leistungsstand jedes einzelnen Schülers informieren, sondern auch über alle Lernangebote des dialogischen Lehr-Lern-Arrangements. Das Lernjournal macht transparent, dass günstige Entwicklungen nur dort stattfinden können, wo Leistungen der Lehrperson und Leistungen der Schülerinnen und Schüler produktiv zusammenwirken. Für die Schüler ist die Sache denkbar einfach: Sie nehmen sich ein Blatt, schreiben ihren Namen drauf, das Jahr und das Fach, z. B. Journal Deutsch. Dann erhalten sie von der Lehrkraft einen schriftlichen Auftrag, und der wird ausgeführt und dokumentiert. Dann kommen die Rückmeldungen vom Lehrer oder den Lernpartnern und die grobe Bewertung der Leistung. Die Theorie kommt meist ganz am Schluss. Blatt für Blatt wird nummeriert. Alles wird chronologisch dokumentiert, bis das Semester zu Ende ist.

7. Produktion: Erzähle etwas Spannendes!

Mein erster Auftrag im Projekt „Spannend erzählen" war, dass alle Schülerinnen und Schüler sich mit einer anderen Person zusammensetzen und sie ausfragen sollten, und zwar so lange, bis sie etwas Besonderes, Erzählenswertes, Spannendes von dieser Person erfahren. Die Schüler haben das sehr gut gemacht, z. B. Miriam. Sie hat sich mit Anna auseinander gesetzt und schreibt: „Als Anna vier Jahre alt war, ging sie mit ihrer Familie in die Westschweiz wandern. Sie wollten die Wildschweine ansehen, die bekanntlich dort frei herumlaufen. Als sie an einem Bach vorbeikamen, fing Anna aus Spaß an, mit einem Ast auf das Wasser zu schlagen. Sie stand ganz nah am Wasser und ihre Eltern warnten sie vor dem Hineinfallen. Als Anna stehen blieb, gingen sie weiter und ließen Anna allein. Als sie etwa 20 Meter von Anna entfernt waren, passierte es. Anna schlug so fest mit dem Ast ins Wasser, dass es nicht nur einmal Platsch machte, sondern Sekunden später ein zweites Mal. Man hörte ein Schreien und Gluckern und im Eiltempo kam der Vater angerannt, sprang ins Wasser und fischte Anna heraus. Als sich Anna wieder einigermaßen erholt hatte, machte sich die Familie schnellstens auf den Heimweg."

8. Rezeption: Suche nach Werkzeugen der Spannungserzeugung!

Alle Schülerinnen und Schüler hatten ähnlich gute Texte abgegeben. Sie lösten diesen Auftrag zur Produktion eines Textes mühelos. Aus den 25 Textbeispielen, die mir vorlagen, habe ich vier Beispiele, die besonders interessant waren, ausgewählt und zur Analyse unter dem Aspekt „Wie hast du es gemacht?" wieder in die Klasse eingespielt. Eines dieser vier Beispiele war der oben zitierte Text von Miriam. Meine Idee war, die Schüler herausfinden zu lassen, mit welchem Werkzeug, auf welche

Weise in den vier Texten Spannung erzeugt worden war. Der Auftrag war knapp: Was ist in diesen vier Texten gelungen?

Es war ein Auftrag zur Rezeption, und der erwies sich als sehr schwierig. Die Schülerinnen und Schüler bemühten sich zwar redlich, aber sie verstanden nicht, was der Auftrag von ihnen verlangte. Einige wollten Fehler anstreichen und korrigieren, Verbesserungsvorschläge erarbeiten, aber die Aufgabe war ja, zu analysieren, was an diesen Texten gelungen war, z. B. am Text von Miriam. Es dauerte recht lange, bis endlich eine Schülerin ein Werkzeug im Text von Miriam gefunden hatte. Im Lernjournal von Barbara stand: „Miriam hat nicht einfach geschrieben ‚Anna fiel ins Wasser‘, sondern sie hat daraus ein kleines Rätsel gemacht, indem sie geschrieben hat ‚und Sekunden später machte es noch einmal Platsch‘. So muss man selbst draufkommen, dass dieses zweite Platsch Anna gewesen war. Es klingt so viel witziger.“ Mach ein kleines Rätsel, das war unser erstes Werkzeug. Und Barbara hatte es gefunden. Es war ihr bei der Analyse von Miriams Text bewusst geworden, dass eine rätselhafte Formulierung ein Werkzeug zur Erzeugung von Spannung ist, weil sie die Leser zum Mitdenken einlädt. Als Beispiel für die Entdeckung eines Werkzeugs zur Spannungserzeugung schrieben sich alle Barbaras Lösung als Muster ins Lernjournal. Jetzt war der Bann gebrochen. Jetzt war allen klar, was es heißt, nach Qualitäten in Texten von Mitschülern und von Profis zu suchen und daraus Werkzeuge zur Spannungserzeugung abzuleiten. Im Laufe des Semesters wurde wenig anderes gemacht, als weitere Werkzeuge dieser Art zu finden und sie beim Erfinden eigener Geschichten auszuprobieren. Eine wichtige Rolle spielten dabei Texte, welche die Schüler aus ihrer eigenen Lesebiografie kannten und als spannend empfanden. Solche Texte trug man sich in der Klasse gegenseitig vor und suchte gemeinsam nach Werkzeugen. Am Ende des Semesters konnten tatsächlich alle Schülerinnen und Schüler eine spannende und schön gestaltete Geschichte vorlegen; und alle waren in der Lage, auch unter Prüfungsbedingungen eine akzeptable spannende Geschichte zu schreiben.

9. Ein offener Auftrag zum Thema „Größenrelation von Brüchen"

Nun aber zum Beispiel aus dem Mathematikunterricht. Auch hier lebt der Unterricht von Aufträgen, diese Aufträge sind immer offen gestellt, d. h. man schaut sich nicht nur das Erwartete an, sondern das Unerwartete ist das eigentlich Interessante. Qualitätskriterium für Aufträge ist, dass Schülerinnen und Schüler auf unterschiedlichem Niveau gute und sehr gute Leistungen erbringen können.

Die Aufträge sind tatsächlich ein wichtiges Instrument zur Verbesserung des Unterrichts. Mein Testkriterium für die Qualität des Unterrichts an Gymnasien ist das Folgende: In guten Gymnasien bleiben die guten Schüler am längsten bei den Aufträgen, weil sie tief in die Fragen hineingehen. Gute Schüler sehen differenziert hin, die stärksten geraten an die Grenzen ihrer Möglichkeiten. Aber auch die mittleren und schwächeren Schüler gehen nicht entmutigt weg, wenn die Aufträge entsprechend offen, gut und differenziert gestellt sind, weil sie genug Zeit haben, das jeweils Grundlegende zu erarbeiten. Das setzt allerdings bei der Lehrperson eine fundierte Fachkenntnis und eine sorgfältige Vorbereitung voraus. Aufträge müssen immer schriftlich abgegeben und ins Lernjournal eingetragen werden.

Nun aber zum angekündigten Beispiel. Es geht um das Thema „Größenrelation von Brüchen". Das ist kein sehr attraktiver Stoff. Die Frage, wie man das Thema in der Klasse einführt, ist eine eigentliche Knacknuss. Lässt sich eine Verbindung von diesem doch sehr abstrakten Stoff zur persönlichen Erfahrungswelt herstellen? Das ist die Frage, mit welcher der Mathematiklehrer bei seiner Vorbereitung ringt. Ist $12/25$ größer oder kleiner als $11/23$? Wen interessiert das schon? Gibt es denn überhaupt eine Situation, in der sich ein Mensch diese Frage ernsthaft stellt? Er trägt sich schon mit dem Gedanken, das Thema zu überspringen, da stellt sich der rettende Einfall unvermittelt ein, und zwar auf seiner täglichen Fahrt auf dem Fahrrad mitten in einer markanten Steigung: *Die Größenrelation der Brüche spüre ich in den Beinen!* Das ist der entscheidende Einfall, eine Kernidee dieses unattraktiven Themas. Diese Kernidee bringt der Lehrer in Gestalt eines veritablen Liegevelos in die Klasse. Das auffällig lange Fahrrad mit seinem bequemen und tief liegenden Sitz gehört Luki, dem Freund einer Schülerin, und verfügt über 18 Gänge. Fast die ganze Klasse hat schon Probefahrten mit diesem attraktiven Vehikel hinter sich, und so ist die Frage, wie man es zweckmäßig schaltet, durchaus aktuell. Wie muss man das Fahrrad denn schalten, wenn man die 18 Gänge schön der Reihe nach vom kleinsten zum größten einlegen will? Fachsprachlich ausgedrückt, geht es um die Hierarchie der Gänge.

Nach einigem Rätseln wird die Mechanik genauer untersucht: Bei den Pedalen befinden sich drei Kettenräder mit 52, 38 und 26 Zähnen. Am Hinterrad sind sechs Kettenräder mit 32, 26, 21, 18, 16 und 14 Zähnen montiert. In einer ersten Phase des Erkundens finden die Schüler heraus, dass die Brüche, gebildet aus den vorderen und hinteren Zahnzahlen, ein Maß für die Größe der Gänge sind. Das Maß des Ganges *vorne 52 – hinten 21* beispielsweise lautet 52/21. Das heißt, wenn die Pedale mit ihrem 52er Kettenrad eine volle Umdrehung ausführen, macht das Hinterrad mit seinem 21er Kettenrad 52/21 Umdrehungen. Welches ist nun aber der nächstgrößere oder der nächstkleinere Gang? Wie kann man die Hierarchie aller Gänge bestimmen? Offenbar muss man die sperrigen Brüche, die sich aus allen vorderen und allen hinteren Zahnzahlen bilden lassen, miteinander vergleichen. Aber wie? Das Problem ist gestellt. Die Frage leuchtet ein. Algorithmen für das Gleichnamigmachen und Ordnen von Brüchen sind der Klasse aber noch nicht bekannt. Jetzt liegt der Ball bei den Schülerinnen und Schülern. Die individuelle Arbeit im Lernjournal beginnt.

10. Astrid erbringt trotz fehlendem Resultat eine gute Leistung

Astrid schreibt in ihrem Lernjournal: „Lukis Liegevelo. Als Erstes versuche ich einen gemeinsamen Nenner zu finden. Als Erstes rechne ich 32×26. Jetzt schaue ich, ob andere Nenner in der Zahl 832 vorhanden sind." Sie macht eine Tabelle, prüft das und merkt, dass das Ergebnis nicht stimmt. Sie schreibt weiter: „Ich weiß nicht genau, nach welchem System ich arbeiten soll. Ich könnte ja alle Zahlen miteinander multiplizieren, dann könnte es doch gehen. Aber ich hätte dann nicht den kleinsten Nenner. Oder vielleicht nur die drei kleinsten Zahlen. Das war Pech. Die 26 geht nicht. Versuchen wir es mit $26 \times 18 \times 16 \times 14$. Das geht, doch als Nenner finde ich die Zahl zu hoch. Ich versuche es mit einer Mischung von $16 \times 21 \times 32 = 10\,752$. Die Zahl geht nicht durch 26 und 18. Dann nehme ich halt $18 \times 21 \times 32 = 12\,096$. Geht nicht. Ich habe es noch mit anderen Zahlen versucht, verschiedenste Kombinationen mit Nennern, aber es ist total schwierig, mit Pröbeln etwas zu finden. Darum nehme ich halt 84\,672 als gemeinsamen Nenner. Er ist sicherlich nicht der kleinste, aber ich habe die Aufgabe dann wenigstens, wenn auch nicht richtig, gelöst." Astrid legt nochmals eine Tabelle an, um ihr Ergebnis zu prüfen, und hält fest: „Erster Gang 26/32 = Oh nein! Es ist mir ein Fehler unterlaufen. Die Zahl 84\,672 geht nicht durch 26. Ich glaube, ich gebe es auf, denn mit 70\,447\,104 will ich das Ganze dann doch nicht machen. Mal sehen, was morgen in der Schule rauskommt."
Man stelle sich einmal vor, Astrid hätte zu Hause die genau gleichen

Überlegungen angestellt, wie sie in ihrem Lernjournal dokumentiert sind, hätte aber nichts aufgeschrieben. Dann wäre sie mit leeren Händen zur Schule gekommen und hätte eine ungenügende Zensur einstecken müssen. Das wäre höchst ungerecht und demotivierend, denn Astrid hat – und das spürt man beim Lesen ihrer Arbeit sofort – eine nicht geringe Leistung erbracht, obwohl ihr Erkunden nicht mit Erfolg gekrönt wurde. Sie bekommt dafür die Bewertung „gut". Ohne Spuren im Lernjournal hätte sich diese Leistung aber weder nachweisen noch bewerten lassen.

11. Ueli erklärt seine Entdeckung, der Mathematiklehrer versucht zu verstehen

In der gleichen Klasse sitzt Ueli, ein ganz anderes Kaliber. In einer Tabelle ordnet er alle Brüche der Reihe nach richtig. Dann folgt ein etwas rätselhafter Text: „Vielerorts, übrigens auch bei mir, ist die falsche Annahme im Umlauf, dass wenn man bei den vorderen drei oder zwei Kränzen etwas verstellt, dass man dann einfach z. B. 2. Gang verstellt 8. Gang und zurück, elfter Gang verstellt 17. Gang und zurück immer plus oder minus 6 rechnet. Dass diese Annahme keine Richtigkeit hat, wird obig klar bestätigt."

Der Mathematiklehrer gesteht, dass er zuerst dachte, der Schüler mache sich mit seiner barocken Sprechweise lustig über ihn. Erst bei gründlicher Analyse des Schülertextes merkt er, dass Ueli ein Wurf gelungen ist. Ueli hat entdeckt, dass unser 18-Gänger mit seinen sechs hinteren Kettenrädern kein Modell für das zweistellige Zählen im Sechsersystem ist. Will man die Gänge des Fahrrads nacheinander vom kleinsten bis zum größten durchschalten, darf man die vorderen Kettenräder nicht als übergeordnet betrachten und sie immer erst dann wechseln, wenn alle hinteren vom größten bis zum kleinsten an der Reihe waren. Es ist also nicht wahr, dass die zweistellige Zahlenfolge 00, 01, 02, 03, 04, 05, 10, 11, 12, 13, 14, 15, 20, 21, 22, 23, 24, 25 die Hierarchie der 18 Gänge widerspiegelt.

Ueli hat beim Lösen des Auftrags ein persönliches Vorurteil überwunden und eine interessante Entdeckung gemacht. Das kommt in seinen gewundenen Äußerungen allerdings nur bruchstückhaft zum Ausdruck. Seine singuläre Sprachkompetenz ist den Ansprüchen des im Vergleich mit Astrids Überlegungen doch schon recht komplexen fachlichen Sachverhalts noch nicht gewachsen. Dieses Ungleichgewicht zu erkennen und für das Lernen fruchtbar zu machen ist zwar eine schwierige, aber unerlässliche und befriedigende Aufgabe der Lehrperson in der Dialogischen Didaktik. Sie hat – neben der Pflicht zur Vermittlung des Fachwissens – die noch viel anspruchsvollere Pflicht zu verstehen, wie die Schüler denken und wie sie Probleme anpacken und lösen. In den Worten von Martin Wagenschein ist das die Pflicht zur Transformation der Sprache des Verstehens in die Sprache des Verstandenen. Übersetzt man Uelis Gekritzel in die reguläre Sprache, wird seine brillante fachliche Leistung ebenso freigelegt wie sein sprachliches Defizit. In der Dialogischen Didaktik genügt es eben nicht, wenn die Schülerinnen und Schüler ihre Lehrperson verstehen. Lehren und Lernen im Dialog funktioniert erst, wenn auch die Lehrperson ihre Schülerinnen und Schüler versteht und ihre singulären Leistungen erkennt und würdigt.

THORSTEN BOHL:

Offenen Unterricht geschlossen beurteilen? Leistungsbeurteilung im offenen Unterricht im Kontext der aktuellen PISA-Diskussion

1. ‚Freinet meets PISA': Unterrichtsentwicklung zwischen reformpädagogischer Tradition und empirischer Unterrichtsforschung

Die schulpädagogische Diskussion in Deutschland ist seit den 70er-Jahren von einer reformpädagogisch motivierten Linie gekennzeichnet. Der Begriff ‚Reformpädagogik' wurde zwar in der Erziehungswissenschaft vielfach kritisiert, ebenso die epochale Begrenzung, die Merkmale wie ‚Kindgemäßheit', ‚Individualität', ‚Lebensweltorientierung', die Auswahl der Vertreter u. a. (z. B. Oelkers 1996; Grunder 1994). Der Einfluss der Reformpädagogik auf die Lehrerbildung ist geblieben: Studenten und Lehrer assoziieren mit Reformpädagogik vorrangig Berthold Otto, Celestin Freinet, Maria Montessori, Peter Petersen, Hugo Gaudig, Helen Parkhurst oder Georg Kerschensteiner. Im Übergang von der Ausbildung in die unterrichtliche Tätigkeit vollzieht sich allerdings ein Bruch: Der unterrichtliche Alltag ist immer noch geprägt von Frontalunterricht. Der Einfluss der Reformpädagogik auf den unterrichtlichen Alltag ist insbesondere an staatlichen Sekundarschulen äußerst gering[37]. Am deutlichsten macht sich der Einfluss noch über konkrete offene Unterrichtsformen bemerkbar, insbesondere Freiarbeit, hier wird zumindest in der Literatur vielfach auf reformpädagogische Vorläufer verwiesen. Lehrer

---

[37] Für Realschulen: Bohl 2001 b; für Hauptschulen: Engelhardt 2000.

orientieren sich allerdings nur geringfügig an ihnen (Jürgens 1998). Für Lehrer an staatlichen Sekundarschulen wurden reformpädagogische Unterrichtsmodelle offeriert, reformpädagogische Beurteilungsmodelle sind jedoch unbekannt oder lassen sich im Alltag kaum realisieren: Die Reform der schulischen Leistungsbeurteilung blieb bisher weitgehend aus. Als eine wesentliche Veränderung lässt sich allenfalls die Einführung der verbalen Beurteilung in den Klassenstufen 5 und 6 ausmachen. Erst in jüngster Zeit ist Bewegung festzustellen (z. B. Projektprüfung an Hauptschulen, besondere Lernleistung an Gymnasien), ohne dass deshalb die Zensurengebung abgeschafft werden würde (Bohl 2003). Interessant ist dabei, auf welche Weise in der Reformpädagogik Leistungen beurteilt wurden. Die reformpädagogische Beurteilungspraxis variiert: Pensenkontrolle bei Helen Parkhurst; verbale Beurteilungen bei Petersen; Beobachtungsbögen bei Montessori; Zensuren, Fertigkeitsbescheinigungen, Pensenkontrolle bei Freinet oder Beurteilungsbögen bei Carleton Washburne. Die in dieser Frage verkürzte Rezeption und Aktualisierung der Reformpädagogik wurde weitgehend auf die Kritik an der Zensurengebung und verbaler Beurteilungen als Alternativen beschränkt, die Vielfalt der reformpädagogischen Beurteilungsverfahren bildet sich in der deutschen Rezeption der Reformpädagogik nicht ab.. Einzig die Kritik an der Zensurengebung zieht sich durch die Reformpädagogik und durch die Rezeption. Die Kritik an der Zensurengebung, nicht jedoch die Alternativen hierzu, eint die Reformpädagogen.

Mit der zunehmenden Forderung nach Schlüsselqualifikationen oder überfachlichen Kompetenzen löst sich der offene Unterricht aus seiner reformpädagogischen Tradition. Das Bemühen um angemessene Beurteilungsformen ist nicht mehr auf verbale Beurteilungen begrenzt, gleichzeitig hat es seinen politisch gefärbten Impetus verloren: In allen Bundesländern wird derzeitig die Frage einer angemessenen Beurteilung für Leistungen im offenen Unterricht mehr oder weniger systematisch bearbeitet, unabhängig von der regierenden Partei. Die Weiterentwicklung der Leistungsbeurteilung gerät zum Kern der Unterrichts- und Schulentwicklung und offenbart erhebliche methodisch-didaktische Defizite bei Lehrkräften.

In einer zweiten Linie ist die empirische Unterrichts-, Schul- und Bildungsforschung zu nennen, die in der PISA-Studie ihren vorläufigen Höhepunkt findet. Sie weist zwar verschiedene Verbindungen zur reformpädagogischen Linie auf (z. B. personell bei Peter Petersen), sei aus analytischen Gründen hier jedoch getrennt beschrieben. Auch hier lässt sich eine speziell deutsche Tradition herausarbeiten. Akzeptiert man, dass mit der Veröffentlichung der PISA-Ergebnisse eine zweite Bildungskatastrophe einhergeht, dann lässt sich trefflich bei Heinrich Roth ansetzen. Roth hat bekanntermaßen vehement eine empirische Wende in der Pädagogik eingefordert (Roth 1962), die seit einigen Jahren über nationale und internationale Schulleistungsvergleichsforschung in komplexerer Weise als von ihm eingefordert, realisiert wird. Aber nicht nur forschungsmethodisch, sondern auch über sein Kompetenzmodell (insbesondere Roth 1971a u. 1971b) sind interessante Anknüpfungen an aktuelle Ansätze wie z. B. bei PISA möglich. Roths Unterscheidung von Sach-, Sozial- und Selbstkompetenz weist auf ein erweitertes Lernverständnis hin. Die forschungsmethodische Traditionslinie zwischen Heinrich Roth und der PISA-Studie wird durch eine kontinuierliche Aufwertung der empirischen Forschung in der deutschen Pädagogik verstärkt. Reformpädagogisch geprägte Unterrichtskonzepte wie offener Unterricht oder selbstständiges Lernen werden zunehmend von der Effektivitätsforschung flankiert (Jürgens 1997; Konrad/Traub 1999; Einsiedler 2000). Ebenso Forschungen zur Schulentwicklung und -qualität (Rutter u. a. 1980; Steffens/Bargel 1993; Fend 1998). Insgesamt ist die empirische Forschung aus einem engen und wissensorientierten Verständnis heraus- und in ein erweitertes, reformpädagogisch geprägtes, ganzheitliches und eher lebensweltorientiertes Verständnis eingetreten. Anders formuliert: Die Aktualisierung der Reformpädagogik zum Zwecke der Unterrichts- und Schulentwicklung genügt nicht mehr, sie wird vielfach durch Befunde der empirischen Forschung begleitet und korrigiert. Auch Varianten der Leistungsbeurteilung wurden vielfach erforscht, etwa Zensurengebung, Verbalbeurteilungen oder die Frage der Bezugsnormen (Valtin 2002; Rheinberg 2001; Lübke 1996; Benner/Ramseger 1985; Ingenkamp 1995).

Zwischen PISA und der Reformpädagogik sind damit auf der Ebene von Unterricht und Schule Annäherungen zu erkennen. Offener Unterricht wurde bei PISA allerdings nur über die Schulleiterfragebögen untersucht, und hier in einem vergleichsweise oberflächlichen Design[38]. Im Hinblick auf Leistungsbegriff und Leistungsbeurteilung boten die nationalen Berichte PISA und PISA-E bisher keine unmittelbaren Befunde, aber einige indirekte Hinweise.

– Hinter den Leistungen der teilnehmenden Schüler steht ein jeweils kulturell geprägter und traditionsreicher Leistungsbegriff, der beispielsweise dazu führt, dass vietnamesische Schüler, durchaus erwar-

---

38 Untersucht wurde beispielsweise die Häufigkeit von Freiarbeit, allerdings nur über eine grobe Dreier-Skalierung aus der Sicht von Schulleitern, vgl. PISA 2001, S. 446.

tungswidrig, zu höheren Leistungen fähig sind als bayerische Schüler (Helmke/Hesse 2002).

– Innerhalb der Schulen wirkt sich dieses Leistungsverständnis bis in den Unterricht aus, etwa durch vergleichsweise starke Unterstützungs- und Förderkonzepte in Finnland, die auf integrierte und auf den Umgang mit Heterogenität eingestellte Unterrichtskonzepte beruhen.

– In vielen Ländern (z. B. Schweden ab Klassenstufe 8) und in deutschen Reformschulen (z. B. Bielefelder Laborschule ab Klassenstufe 9) werden Noten später vergeben. Eine späte Notenvergabe hat keine negativen Auswirkungen auf die Leistung – auch dieser auf unterschiedlichen Ebenen bestätigte PISA-Befund wirft die Frage nach einer veränderten Leistungsbeurteilung auf.

– Problemorientierte, fächerübergreifende, selbstregulierende, in den untersuchten Bereichen kompetenzorientierte Unterrichtmodelle und gestufte Aufgabentypen provozieren die Frage nach einer geeigneten methodisch-didaktischen Vielfalt. Unter dem Aspekt der curricularen Validität betrachtet ist eine entsprechende Beurteilungsvielfalt notwendig.

– Die diagnostische Kompetenz ist bei deutschen Lehrern mangelhaft. Offensichtlich sind damit auch differenzierte Diagnose- und Beurteilungsinstrumente kaum vorhanden, die über die üblichen, eher kontrollierenden und selektierenden wie Klassenarbeiten, Tests, mündliche Überprüfungen hinausgehen.

– Im Rahmen der Schülerbefragung schätzten die 15-Jährigen die Unterrichtsqualität in Deutsch und Mathematik ein. In sechs Dimensionen mit jeweils mehreren Items wurde u. a. die individuelle Bezugsnormorientierung erfragt, allerdings nicht hinsichtlich der Beurteilung, sondern hinsichtlich individueller Unterstützung/Lob.

Erst im vertieften PISA-Länderbericht (PISA-E II) wird Leistungsbeurteilung unmittelbar thematisiert: Untersucht wurde der Zusammenhang zwischen der Notenvergabe und der mittleren Mathematikleistung. Die Ergebnisse fügen sich nahtlos in die bisherigen Forschungsbefunde zur Fragwürdigkeit der Zensurengebung ein. Die deutliche Kritik an der Zensurengebung verbindet die empirische Linie (hier PISA) und die reformpädagogische Linie (z. B. Freinet):

– Die Autoren der PISA-E II-Studie kritisieren die mangelnde Objektivität der Noten: „Man kann für dieselbe Leistung in einem Fall eine Zwei, im anderen Fall eine Vier oder Fünf erhalten" (Baumert u. a. 2003).

– Célestin Freinet, als ein maßgeblicher Vertreter der Reformpädagogik, geißelt die Noten auf Grund ihrer schädlichen Wirkung für schwache Schüler: „Die besten Schüler der Klassen sind stolz auf ihre Leistungen, während die mittelmäßigen und schwachen Schüler mehr und mehr von der Tyrannei der Noten beherrscht werden und ihnen ein gefährliches Gefühl der Minderwertigkeit eingeimpft wird" (Freinet 1965, S. 117).

Die Frage, welche Konsequenzen daraus zu ziehen sind, entfremdet beide Linien wieder: Die mangelnde Vergleichbarkeit von Noten führte in der deutschen Bildungssystemdiskussion bisher nicht zu einer konsequenten Suche nach Alternativen zur Zensurengebung – hier könnte die Reformpädagogik durchaus Impulse bieten – sondern zur Vereinheitlichung der Anforderungen und stärkerer Vergleichbarkeit, in der Hoffnung, damit die Zensurengebung zu objektivieren. Diese Vorlage aus der PISA-Studie wird bildungspolitisch offensiv aufgegriffen, beispielsweise in Baden-Württemberg über Jahresarbeiten, Diagnosetests, zentrale Abschlussprüfungen und Bildungsstandards.

Auf der Ebene der rechtlichen Vorgaben zu Zeugnissen und zur Leistungsbeurteilung wirkt das Spannungsfeld zwischen individueller Förderung und Standardisierung in anderer Weise: Wie eine aktuelle Studie an der Forschungsstelle für Schulpädagogik (Bohl 2003) nachweist, bleibt die Zensurengebung in allen Bundesländern bestehen. Veränderungen zeigen sich allenfalls in zwei Richtungen:

– In verschiedenen Ländern wird die Benotungsgrundlage *ausgeweitet*, etwa durch Benotung überfachlicher Kompetenzen. Ein aktuelles Beispiel ist die Einführung der Projektprüfung an Hauptschulen in Baden-Württemberg. Sie ersetzt bisherige praktische Prüfungen, beruht auf einem erweiterten Lernbegriff und mündet in einer Note.
– Zum Teil werden überfachliche Kompetenzen oder Hinweise zum Arbeits- und Sozialverhalten in verbale Beurteilungen, Entwicklungsberichte oder skalierte Varianten gefasst, die dann *zusätzlich* zu den (Fach-)Noten dem Zeugnis beigelegt werden. So führte Thüringen eine Kombination aus verbaler Kurzbeurteilung und skalierter Beurteilung ein, mittels der sechs Kompetenzbereiche (z. B. Präsentation, Zusammenarbeit) eingeschätzt werden.

Die Situation eröffnet zahlreiche Problembereiche. Neben verschiedenen Kompetenzmodellen, zum Teil in fachlicher, zum Teil in überfachlicher Perspektive gerät generell der Umgang mit Heterogenität in den Blick. Der Anspruch an die Unterrichtsplanung, -durchführung und -auswertung ist zweifellos höher geworden. So wird von Lehrern im Rahmen der genannten Projektprüfung stillschweigend die Operationalisierung, Vermittlung und Beurteilung von sog. Schlüsselqualifikationen erwartet – während selbst in wissenschaftlich elaborierten Konzepten bereits die Operationalisierung nur in bestimmten Bereichen (vorrangig Problemlösekompetenz) gelungen ist (Baumert u. a. 1999). Ein weiteres Problemfeld eröffnet sich durch die, ebenfalls stillschweigend als gelingend unterstellte Zusammenführung von Standards und Autonomie auf Einzelschulebene, die sich im Unterricht über Standardisierung und Individualisierung abbildet. Deutlich wird, dass differenzierte, methodisch vielfältige, zielgerichtete und kompetenzorientierte Unterrichtskonzepte notwendig sind, aus denen wiederum bestimmte Kompetenzbereiche besonders hervorgehoben und verglichen werden.

In diesem Kontext erweist sich offener Unterricht als wichtig, allerdings nicht in ausschließender, sondern in integrierender Weise: Eine methodische Vielfalt ist notwendig, in der das Ausmaß an selbstständigem Lernen und der inhaltsspezifische Anspruch kontinuierlich erhöht werden. Offene Unterrichtskonzepte bieten hierfür geeignete Strukturen, diese reichen jedoch für eine konsequente Unterrichtsentwicklung nicht aus.

2. Offener Unterricht: Rahmenkonzeption statt enge Definition

In deskriptiver Hinsicht präsentiert sich offener Unterricht in äußerst unterschiedlicher Gestalt. Eine einheitliche Definition, die etwa in der Lehrerbildung eine klare Orientierung bieten würde, ist bisher nicht erkennbar, trotz zahlreicher Vorschläge[39]. Etwas präziser ist das Begriffsverständnis bei einzelnen Unterrichtskonzepten: Freiarbeit, Wochenplanarbeit oder projektorientierter Unterricht weisen sowohl übereinstimmende als auch abgrenzbare Merkmale auf. In der schulischen Praxis ist das Begriffsverständnis wiederum deutlich uneinheitlicher:

---

[39] Etwa Wallrabensteins (1991) zehn Qualitätskriterien offenen Unterrichts, Brügelmanns (1996) Vorschlag einer Öffnung in personaler, institutioneller, methodisch-organisatorischer, inhaltlicher sowie politisch-persönlicher Öffnung oder Winkels (1993) nach wie vor trefflicher Vorschlag des ‚beweglichen‘ statt ‚offenen‘ Unterrichts.

Das Spektrum variiert bei Freiarbeit etwa von fachspezifischen Arbeitsblättern bis zu äußerst differenziert vorbereiteter Lernumgebung, anspruchsvollen Lernmaterialien und einer langfristigen Unterrichtskonzeption.

Im Hinblick auf die gesamte, nicht nur methodenbezogene Unterrichtsentwicklung erscheint es erfolgsversprechender, die Gesamtchoreografie des Unterrichts in den Blick zu nehmen und offene Konzepte in eine Gesamtkonzeption des Unterrichts zu integrieren. Einer scharfen, entwicklungs- und qualitätshemmenden Trennung von offenen und geschlossenen Phasen kann dadurch vorgebeugt werden, ebenso einer Spaltung von Lehrerkollegien in ‚innovative‘ (weil offen unterrichtende) und ‚bremsende‘ (weil geschlossen unterrichtende) Lehrer. Diese Betrachtungsweise wird dem Befund aus der empirischen Unterrichtsforschung gerecht, dass es viele unterschiedliche Wege zu einem guten Unterricht gibt (Weinert/Helmke 1996). Beispielsweise wird die Zielsetzung des selbstständigen Lernens nicht zwangsläufig dadurch erreicht, dass Schüler unmittelbar selbstständig agieren. Offene Unterrichtskonzepte sind in dieser Hinsicht zuweilen erstaunlich undifferenziert, beispielsweise wenn im Rahmen von Freiarbeit alle Schüler zeitgleich dasselbe Maß an Freiheit erhalten. Es erscheint daher sinnvoll, keine enge Begriffsdefinition für offenen Unterricht anzubieten, sondern sich auf Rahmenmerkmale (Abbildung 1) zu verständigen. Im Übrigen wird dadurch deutlich, dass eine Veränderung des Unterrichts mit einem entsprechenden Leistungsbegriff und angemessenen Beurteilungsverfahren einhergeht. Um Beliebigkeit zu vermeiden sind jedoch klare Leitbilder zu benennen (s. u.).

Abbildung 1: Rahmenkonzept des offenen Unterrichts (Jürgens 1994)[40]

Schülerverhalten	• Zunehmendes Maß an selbstständigem Lernen in quantitativer und qualitativer Hinsicht • Zunehmendes Maß an Selbst- bzw. Mitbestimmung bei der Auswahl der Unterrichtsinhalte und -durchführung
Lehrerverhalten	• Zulassung von Handlungsspielräumen und Förderung von (spontanen) Schüleraktivitäten • Offenheit für eine veränderte Lehrerrolle • Relativierung des Planungsmonopols – weitestgehende Beteiligung von Schülern • Orientierung an den Interessen und Fähigkeiten der Schüler • Systematische Vorbereitung der Schüler mit dem Ziel, den Grad der Selbstständigkeit sukzessiv zu erhöhen • Konzeptionell begründeter und zielorientierter Einsatz verschiedener Unterrichtsmethoden
Methodische Grundprinzipien	• Übendes, vertiefendes, erarbeitendes – und zunehmend entdeckendes, problemlösendes, handlungsorientiertes, selbstverantwortetes, selbstständiges und kooperatives Lernen
Aufgaben	• Im Detail durchdachte und motivierende Aufgaben (z. B. bewusste Unterscheidung von Aufgabenniveaus), offene Aufgaben
Lern- und Unterrichtsformen	• Freiarbeit • Wochenplanarbeit • projektorientierter Unterricht • Stationenarbeit • kooperative Lernformen • Werkstattunterricht • insgesamt: zielgerichtete, konzeptionelle Verbindung einzelner Unterrichtsformen
Lernumgebung und -material	• Strukturierte, ästhetische, vorbereitete und anregende Lernumgebung • Das Material eröffnet vielfältige Lernchancen unterschiedlichen Niveaus.
Leistungsbegriff	• Vielfältiges und pädagogisch motiviertes Leistungsverständnis • Hohes Maß an Verbindlichkeit: hohes Anspruchsniveau, klare Erwartungen, differenzierte Diagnostik und Förderung, Beratung, Beurteilung und Kontrolle, Veröffentlichung von Leistungen

---

40 Die Abbildung weitet den Vorschlag von Jürgens um die Kategorien Aufgaben, Leistungsbegriff, Leistungsbeurteilung, Unterrichts- und Schulentwicklung sowie Lernumgebung aus.

Leistungs-beurteilung	• Möglichkeiten der Schülerselbst- und -mitbeurteilung, der sachimmanenten Kontrolle • Förderdiagnostisch orientierte und differenzierte Rückmeldeverfahren • Vielfältige Beurteilungsformen • Weiterentwicklung von Zeugnissen
Unterrichts-und Schul-entwicklung	• Weiterentwicklung des Methodenrepertoires der Schüler (und der Lehrer) in einer mittel- bis langfristigen Perspektive • Bereitstellung der notwendigen schulischen Räumlichkeiten (Arbeitsecken, Schülerbibliotheken, Gruppenräume) • Einbindung offener Lernphasen in eine Gesamtkonzeption des Unterrichts • Bereitstellung von Möglichkeiten der Informationsbeschaffung, -verarbeitung, -präsentation • Kooperative Analyse und Reflexion unter den beteiligten Lehrkräften • Absprache, gemeinsames und ggf. einheitliches Vorgehen der beteiligten Lehrkräfte (z. B. Methodentraining, Verfahren der Leistungsbeurteilung, Lernberatung) • Einbindung offener Unterrichtsformen in Schulprogramme und Vereinbarungen innerhalb der Einzelschule

Drei Entwicklungsrichtungen sind aus dieser Rahmenkonzeption hervorzuheben, die eine leitende Funktion für eine langfristige Veränderung der Lernkultur einnehmen können.

– *Der erweiterte Lernbegriff* mit fachlichen, methodischen, sozialen und persönlichen Elementen bietet Orientierung bei der konkreten und alltäglichen Unterrichtsplanung. Wesentlich ist dabei ein integriertes Verständnis, in welchem das Anspruchsniveau in allen vier Bereichen kontinuierlich erhöht und fachliches Lernen eng mit methodischen und sozialen und persönlichen Elementen verknüpft wird. Beispielsweise führt ein isoliertes Methodentraining kaum zur Steigerung der Lernleistung, wenn es nicht mit konkreten fachbezogenen Aufgaben verbunden wird.

– *Ein pädagogischer Leistungsbegriff*, der vielfältig, förderorientiert und anspruchsvoll ist. Er setzt an den vier Bereichen des erweiterten Lernbegriffs an und betont prozessorientiertes Lernen und Leisten. Ein erweiterter Leistungsbegriff erfordert vielfältige Beurteilungsformen.

– *Kontinuierliche Erhöhung des Ausmaßes an selbstständigem Lernen:* Im Laufe der Schulzeit wird der lehrerzentrierte Anteil im Unterricht verringert – derzeit scheint die Situation eher gegenläufig zu sein, wenn man die Verbreitung von offenem Unterricht als Maßstab nimmt, die ab Klasse 7 abfällt.[41]

Auf der Grundlage dieses Verständnisses von offenem Unterricht kann nun die Frage der angemessenen Beurteilung betrachtet werden.

3. Varianten der Leistungsbeurteilung im offenen Unterricht

Der offene Unterricht ermöglicht vielfältige Lernerfolge. Für die Beurteilung sind zwei Zugänge wesentlich:

- Welche Leistung soll beurteilt werden? Ausgehend von einem erweiterten Lernverständnis kann man zunächst festhalten, dass es nicht genügt, lediglich fachlich-inhaltliche Leistungen zu ermöglichen und zu beurteilen. Die Beurteilungsgrundlage wird also ausgeweitet auf methodische, soziale und/oder persönliche Leistungen.
- Auf welche Weise soll die Leistung beurteilt werden? Jede Leistung kann unterschiedlich beurteilt werden. So ist denkbar, für eine Präsentation am Ende eines projektorientierten Unterrichts eine Note zu vergeben, eine verbale Beurteilung anzufertigen, ein skaliertes Raster oder Mischformen zu verwenden.

Beide Aspekte können in einem längeren Zeitraum betrachtet werden, z. B. im Laufe eines Schuljahres, und betreffen dann die Gestalt der Zeugnisse. Auch eröffnet sich die Frage, welche Leistungen aufgenommen werden, die *nicht* in den Fach- oder Kopfnoten enthalten sind. Dies ist besonders für Sekundarschulen wichtig, wenn rechtlich vorgegebene Beurteilungen nicht zur Verfügung stehen. Das Spektrum möglicher Beurteilungsformen wird noch weiter ausgeweitet, z. B. auf Testate, Bescheinigungen, Lernentwicklungsberichte oder Portfolio.
Im internationalen Vergleich ist die Zensurengebung in Deutschland extrem verbreitet und findet insbesondere sehr früh, bereits in der Grundschule statt. In anderen Ländern (z. B. Finnland, Schweden) wird erst ab der 8. Klassenstufe benotet. Daher eröffnet sich in Deutschland das Spannungsfeld zwischen offenem Unterricht und Zensurengebung in besonderer Weise. Unbeeindruckt von der Kritik an der Zensurengebung

---

41 Für Realschulen: Bohl 2001 b; für Hauptschulen: Engelhardt 2000.

und den präsentierten Alternativen (z. B. Lernentwicklungsberichte) hat sich im staatlichen Schulwesen, nicht jedoch in Privat- oder Alternativschulen, die Zensierung von Leistungen im offenen Unterricht in manchen Bundesländern bereits etabliert. Deutlich wird dies an der Projektprüfung in Baden-Württemberg und an ähnlichen Reformvorhaben in anderen Bundesländern.

Es ist daher kein Zufall, dass das Spannungsfeld zwischen offenem Unterricht und der Zensurengebung für Lehrkräfte an Sekundarschulen ein alltagsrelevantes Problem darstellt. In theoretischer Hinsicht, die reformpädagogische Tradition *und* die Fragwürdigkeit der Zensurengebung betrachtend, ist das Thema prekär genug. Dieses Spannungsfeld sei im Folgenden besonders beleuchtet, in dem ich Ergebnisse und Erfahrungen aus dem Forschungsprojekt ‚Neue Formen der Leistungsbeurteilung in den Sekundarstufen I und II‘ (Grunder/Bohl 2001) vorstelle.

4. Wann ist eine Beurteilung ‚geschlossen‘? – Oder: Kontextkriterien verschiedener Beurteilungsformen

Es liegt nahe, unter einer ‚geschlossenen Beurteilung‘ eine solche zu verstehen, die wissensorientiert, kognitiv, individuell erbracht, fremdbestimmt vorgegeben ist und möglicherweise in eine Note mündet. Damit ist allerdings weder die Qualität einer Beurteilung noch ein ‚offener‘ Gegenpol beschrieben. Die wissenschaftliche Auseinandersetzung mit Alternativen zur Zensurengebung zeigt, dass mit dem Einsatz von z. B. verbalen Beurteilungen alleine noch kein Qualitätsmerkmal der Unterrichtsentwicklung beschrieben ist (Ingenkamp 1987; Valtin 2002). Durch die Ausweitung des Spektrums (Portfolio, Mischformen, skalierte Varianten) geht es nicht mehr nur um *eine* Alternative. Bezogen auf die Reform der Leistungsbeurteilung gerät daher, über verschiedene Beurteilungsformen hinweg, die Güte jeglichen Beurteilungsverfahrens in den Blick und damit der Kontext, in welchem die Beurteilung realisiert wird. Zwei Beispiele sollen diese Sichtweise verdeutlichen:

– Schülerinnen und Schüler organisieren ihr Lernen weitgehend selbst – auf der Grundlage einer langfristigen Steigerung notwendiger Kompetenzen. Am Ende der jeweiligen Unterrichtseinheiten stehen u. a. Fachnoten auf der Basis eines erweiterten Lernbegriffs (Herold 2001; Landherr 2001). Ist diese Beurteilung geschlossen?

– Zum Ende des Schuljahres werden in den Klassenstufen 5 und 6 in Baden-Württemberg verbale Beurteilungen geschrieben, die Auskunft über Leistungen im Bereich des Arbeits- und Sozialverhaltens geben. Allerdings wird nur von wenigen Lehrkräften offen unterrichtet und die entsprechenden Kompetenzen vermittelt. Hier wird lehrerzentrierter Unterricht mit einer vermeintlich anspruchsvollen und differenzierten Beurteilung gekoppelt. Ist diese Beurteilung offen?

Diese Fragen reichen über testtheoretische Gütekriterien nach Objektivität, Reliabilität und Validität hinaus. Sie fragen nach der Relevanz der Beurteilung für die Lernentwicklung der Schülerinnen und Schüler und nach der Gesamtchoreografie des Unterrichts. Vor weiteren praktischen Beispielen seien vier wesentliche Qualitätsmerkmale genannt, an der sich Beurteilungsverfahren orientieren können.

Erstes Qualitätskriterium:
Lehrer treffen Vereinbarungen im Kollegium

Die Unterrichtsqualität steigt, wenn gemeinsam getragene Zielvorstellungen in sorgfältig abgestimmte und alltagswirksame Handlungen umgesetzt werden können (Rutter u. a. 1980; Steffens/Bargel 1993; Fend 1998). Ein verändertes Leistungsverständnis gilt dann als Teil des Schulethos und nicht als additive, im Grunde jedoch schulethosferne Beigabe einiger besonders engagierter Lehrkräfte. Damit ist jedoch nicht gemeint, dass nun alle Lehrkräfte dieselben Kriterien verwenden oder ihre Unterrichtsplanung im Detail angleichen. Vielmehr geht es um die Entwicklung einer Rahmenkonzeption innerhalb der Einzelschule und hier innerhalb der einzelnen Fächer und Klassenteams. Dies wird erleichtert, wenn bereits Konsens über Zielvorstellungen besteht (z. B. durch Schulprogramme oder schulinterne Curricula) und erschwert, wenn kein Konsens möglich ist. Die Vereinbarung kann sich beispielsweise darauf beziehen, ob Klassenarbeiten durch andere Leistungen (z. B. Präsentationen) ersetzt oder bestimmte überfachliche Kompetenzen diagnostiziert werden. Eine Abstimmung im Kollegium wirkt für Lehrer zudem psychisch entlastend, insbesondere wenn mit der Beurteilung selektionswirksame oder berufswahlentscheidende Folgen verbunden sind. Beispielsweise werden Schüler und ihre Eltern sehr aufmerksam, wenn nur in einer von drei Abschlussklassen zusätzlich zum Zeugnis Portfolios entstehen, die möglicherweise bessere Chancen bei anstehenden Bewerbungen bewirken.

Zweites Qualitätskriterium:
Schüler beteiligten sich am Beurteilungsverfahren

Mit der Beteiligung der Schüler am Beurteilungsverfahren steigen Transparenz und Akzeptanz. Die einzelnen Kriterien können dann zielorientiert vermittelt und erlernt werden, was der Leistungsentwicklung zu Gute kommt. Die Kenntnis der erwarteten Leistung mindert keinesfalls das Anspruchsniveau, sofern dieses bei den einzelnen Kriterien sorgfältig durchdacht ist. Schülerinnen und Schüler können in unterschiedlicher Weise und in unterschiedlichen Phasen beteiligt werden:

– In der *Vorbereitungsphase* können sie bei der Formulierung und Aufstellung von Beurteilungskriterien beteiligt werden, z. B. durch Metaplantechnik. In einem fortgeschrittenen Beteiligungsstadium können sie eigene Ziele und Beurteilungskriterien formulieren (Herold 2001).
– In der *Durchführungsphase* können Schülerinnen und Schüler sich selbst oder ihre Mitschülerinnen und -schüler beurteilen, z. B. durch arbeitsteilige Mitbeurteilung einer Präsentation (Kuhn 2001) oder durch Mitbeobachtung in der Freiarbeit (Daur 2001).
– In der *Auswertungsphase* kann das gesamte Beurteilungsverfahren rückblickend reflektiert werden. Dies beinhaltet auch, weiterführende und zukünftige Vorhaben zu vereinbaren.

Die Beteiligungsmöglichkeiten variieren von Lerngruppe zu Lerngruppe. Ein Mindestmaß kann darin liegen, dass alle Beurteilungskriterien mit den Schülerinnen und Schülern besprochen werden, sowie sprachlich und inhaltlich vollkommen verständlich sind, d. h. auch bekannt ist, wie die einzelnen Kriterien erfüllt werden können.

Drittes Qualitätskriterium:
Die Beurteilung ist integrativer Bestandteil der gesamten
pädagogischen Handlungseinheit

Beurteilen bzw. Diagnostizieren ist Teil einer Handlungseinheit (Abbildung 2) und beginnt bereits während der *Unterrichtsplanung*: Welche Beurteilungskonzeption soll angewandt werden? Wann soll die Beurteilung stattfinden?
Der Ablauf einer Unterrichtseinheit wird strukturiert. Dadurch ist die *Lern- und Arbeitsphase* des folgenden Unterrichts auf die Ziele (z. B. Elemente des erweiterten Lernbegriffs) ausgerichtet, die Beurteilung entsprechend vorbereitet. Bereits in dieser Phase kann eine begleitende Prozessbeurteilung beginnen (z. B. als Projektskizze). In der Regel erfolgt die *Beurteilung bzw. Diagnose* zum Ende der Unterrichtseinheit. Die

Abbildung 2: Beurteilen als Teil einer Handlungseinheit

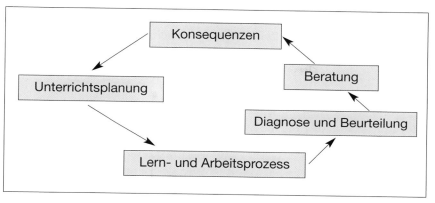

Leistung wird also festgestellt, bewertet und dokumentiert. Eine für den Lernerfolg entscheidende Phase beginnt nun: Eine *Beratung zwischen Lehrer/in und Schüler/in*, die zwischen den Ergebnissen der Beurteilung und dem weiterführenden Unterricht vermittelt. Sie hat einen hohen Einfluss auf den Lernerfolg, insbesondere wenn konkrete Strukturierungshilfen und weiterführende methodisch-didaktische Arrangements entwickelt werden können (Weinert/Helmke 1987, S. 27). Da die Zeit im unterrichtlichen Alltag knapp ist, kann eine Beratung nur stattfinden, wenn dafür bewusst Freiräume geschaffen werden. Eine Möglichkeit besteht darin, in Phasen freien Arbeitens (z. B. in der Freiarbeit) gezielt Einzel- oder Gruppenberatung durchzuführen. Die Beurteilung führt also über die Beratung zu konkreten *Konsequenzen* für die folgende Unterrichtsplanung.

Viertes Qualitätskriterium:
Der Kontext der einzelnen Beurteilungskriterien wird sorgfältig beachtet

Die einzelnen Kriterien sind im vorausgehenden Unterricht eingebettet und werden in folgenden Unterrichtseinheiten weiterentwickelt. Das Anspruchsniveau der einzelnen Kriterien kann anschließend erhöht werden. Aus dem Kontext der einzelnen Kriterien lässt sich eine normative Begründung für die äußerst wichtige Frage der Grenzen der Zensurengebung im nicht-fachlich-inhaltlichen Bereich entwickeln. Die entscheidende Bedingung lautet hier: Sofern die Beurteilung in eine Note mündet, sollten die einzelnen Kriterien im vorausgehenden Unterricht in konkreten methodisch-didaktischen Settings erlernbar sein. Erst auf dieser Grundlage ist es verantwortbar, eine Note zu erteilen. Damit sei das System der schulischen Zensurengebung keinesfalls legitimiert, vielmehr soll ein praktikabler und verantwortbarer Rahmen für die Zensurengebung gesetzt werden. Ein Beispiel[42]: Zum Ende eines projektorientierten Unterrichts könnte das Kriterium ‚Angemessene Phasierung einer Präsentation‘ durch folgende, hier nur angedeutete Indikatoren konkretisiert werden: Begrüßung, Überblick, Einleitung, Hauptteil 1, Hauptteil 2, Rückblick und Fazit, Ausblick. Diese Indikatoren können konkret erlernt und jeweils mit einem bestimmten Schwierigkeitsgrad belegt werden. Ähnlich wären nun weitere Kriterien und Indikatoren auch für andere Unterrichtskonzepte zu überlegen, z. B. bei Szenischer Interpretation, bei selbst organisiertem Lernen[43]. Im Übrigen wird leicht unterschätzt, dass die Leistung von Schülerinnen und Schülern in vielen Bereichen durch konkrete Lernarrangements verbessert werden kann, die zunächst eher als unveränderbare, persönliche Eigenschaften angesehen werden – schauspielerische Leistungen bei einer Szenischen Interpretation sind ein gutes Beispiel hierfür. In didaktischer Hinsicht wird der Blick auf einzelne Kriterien und ihre Indikatoren gelenkt. Es gilt also, konkrete Indikatoren zur Beurteilung zu entwickeln. Damit ist die Beurteilung mit der methodisch-didaktischen Kompetenz der jeweiligen Lehrkraft gekoppelt, diese Kompetenz wiederum ist indirekt vom Stand der didaktischen Forschung bzw. der Aus- und Fortbildung abhängig.

Nicht alle Kriterien sind jedoch kurzfristig erlernbar: Leistungen bei Kriterien, die nicht in konkreten Settings erlernbar sind, sollten nicht in eine Note münden und unmittelbar selektionswirksam werden. Sie können jedoch diagnostiziert und rückgemeldet werden.

Es ist kein Zufall, sondern sachlogisch begründet, dass Elemente des sozial-kommunikativen oder persönlichen Lernbereichs in Beurteilungsbögen selten zu finden sind – ihre Didaktisierung und Erlernbarkeit in konkreten Settings ist schwieriger als im fachlich-inhaltlichen oder methodisch-strategischen Bereich. Nach diesem Verständnis kann beispielsweise das Kriterium ‚Der Schüler kann ausdauernd und konzentriert arbeiten‘ (vgl. Abbildung 5, S. 130) nicht benotet werden – der entsprechende Bogen ist daher als ‚Diagnosebogen‘ gekennzeichnet. Das Ergeb-

---

42 Weitere Beispiele: Bohl 2001 a, 63 ff.

43 Szenische Interpretation: vgl. Wegele 2001; selbst organisiertes Lernen: vgl. Ingenkamp 1987; Valtin 2002.

nis einer Diagnose kann als verbale Beurteilung oder als skalierte Beurteilung mit Kommentaren dokumentiert werden, z. B. als Lernentwicklungsbericht oder als kommentierter Rasterbogen. Der Begriff ‚Diagnose‘ verweist auf eine systematische Erhebung von Daten (z. B. über eine systematische Beobachtung), ist einer längerfristig angelegten und kontinuierlichen Förderung verpflichtet, die gegebenenfalls stärker durch außerunterrichtliche und außerschulische Maßnahmen begleitet wird (z. B. durch spezielle Fördermaßnahmen oder Fachkräfte).

Die Unterscheidung zwischen einer Beurteilung, die in eine Note mündet, einerseits und einer Diagnose andererseits ist folgenreich, auch wenn keine überschneidungsfreie Grenze gezogen werden kann. Die Qualität des Beurteilungsverfahrens ist damit keinesfalls durch die Anzahl der Kriterien definiert („je mehr desto besser"), sondern durch die Einbettung der Kriterien in den gesamten Unterrichtsverlauf.

5. Prozess – Produkt – Präsentation als Planungskategorien

Bei der Erstellung einer Beurteilungskonzeption bewährt es sich nicht, unmittelbar entlang der vier Elemente des erweiterten Lernbegriffs zu planen. Bei vielen Kriterien ist die Unterscheidung nach methodischen, sozialen oder fachlichen Elementen unfruchtbar und insbesondere für Schüler künstlich. Die folgende Einteilung basiert auf unterrichtlichen Zeit- und Arbeitsstrukturen, die für Schüler offenkundig sind. Eine Beurteilungskonzeption kann sich prinzipiell aus drei Bausteinen zusammensetzen:

- *Prozessbeurteilung*, z. B. schriftlicher Prozessbericht, Projektskizze, Beobachtung von Gruppen, systematische Beobachtung des Lern- und Arbeitsverhaltens in der Freiarbeit.

- *Präsentationsbeurteilung*, z. B. Beurteilung von Referaten, Gruppenpräsentationen am Ende einer Projektphase, Rollenspiele, Unterrichtssequenzen.

- *Produktbeurteilung*, z. B. Verschriftlichung eines Referates, künstlerisches Produkt, Lernplakat, Videofilm, Dokumentationsmappe.

Je nach Situation und Interesse kann eine Beurteilungskonzeption aus einem, zwei oder allen drei Bausteinen entstehen. Jeder Baustein wird über eine bestimmte Anzahl an Kriterien und diese wiederum über weitere Indikatoren konkretisiert. Die drei Bausteine decken ein breites Kompetenzspektrum ab. Schülerinnen und Schüler haben die Gelegenheit, eine Vielzahl unterschiedlicher Leistungen zu erbringen. Jeder der drei Bausteine hat eigene Charakteristiken, die für eine gelingende Beurteilung entscheidend sein können (Bohl 2001 a).

6. Beurteilungsbeispiele

Beispiel 1: Beurteilungsbogen im projektorientierten Unterricht

Die bisher dargestellten Überlegungen beziehen sich auf die Beurteilung in vielfältigen Unterrichtssituationen: Gruppenarbeit, Freiarbeit, Präsentationen, Jahresarbeiten, Schülerunterricht, Wochenplanarbeit u. a. Der folgende Beurteilungsbogen ist einem projektorientierten Unterricht entnommen (Bohl 2001 a). Dieser Beurteilungsbogen ist bereits anspruchsvoll, er deckt ein breites Spektrum ab und berücksichtigt alle drei Beurteilungsbausteine (Prozess, Produkt, Präsentation). Die Prozessbeurteilung wird mittels zweier schriftlicher Leistungsnachweise einbezogen. Dadurch ist die Lehrkraft von einer systematischen Beobachtung während der Gruppenarbeitsphase entlastet.

Die einzelnen Kriterien des Beurteilungsbogens (vgl. Abbildung 3) werden über Punkte gewichtet. Dies ist ein sinnvolles Verfahren, weil es erlaubt, bestimmte Kriterien auf- oder abzuwerten. Alle Kriterien sind über weitere Indikatoren zu konkretisieren – dieser zunächst aufwändige Schritt erleichtert die spätere Beurteilung. Der Arbeitsprozessbericht etwa könnte aus den in Abbildung 4 aufgeführten Indikatoren bestehen.

Abbildung 3: Beurteilungsbogen (projektorientierter Unterricht)

Name:	Kl.	Zeitraum/Stunden:		
Thema:		Fach/Fächer:		
Gruppenmitglieder:				

Beurteilungen	Ziel-punkte	Erreichte Punkte	Note
Prozess (20 %)			
1. Projektskizze [Abgabedatum: _____]	2		
2. Arbeitsprozessbericht [Abgabedatum: _____]	3		
Präsentation (50 %) [Datum: _____]			
3. Struktur (z. B. Einstieg, Abschluss)	2		
4. gezielter Medieneinsatz	2		
5. sprachliche Verständlichkeit	2		
6. fachliche Qualität (z. B. Umfang, Sprache, Tiefe)	4		
Produkt – schriftl. Ausarbeitung (30 %) [Abgabedatum: _____]			
7. Gestaltung (z. B. Layout, Ästhetik, Ideen)	2		
8. Informationsquellen (z. B. Vielfalt, Angaben)	1		
9. fachliche Qualität (z. B. Umfang, Tiefe)	3		
Gesamtergebnis	**21**		
Weitere Anmerkungen			

Datum	(Fachlehrerin _____)	(Fachlehrer _____)

Abbildung 4: Mögliche Indikatoren eines Arbeitsprozessberichts

Arbeitsprozess-bericht	• Grundlegende Daten: Thema, Personen, Zeitraum. • Chronologische Tätigkeitsbeschreibung während der jeweiligen Arbeitsphasen. • Beschreibung/Reflexion gut gelungener und weniger gelungener Arbeitsschritte. • Besonders erwähnenswerte Situationen/Arbeitsschritte. • Vergleich der Ergebnisse mit den formulierten Zielen. • Perspektiven für zukünftige Projekte.

Der Beurteilungsbogen stellt ein wichtiges Dokument dar, ebenso wie eine korrigierte Klassenarbeit, d. h. er wird unterschrieben und sorgfältig aufbewahrt. Während es sich hier um eine Beurteilung im oben definierten Sinne handelt, zeigt das zweite Beispiel einen Diagnosebogen.

Beispiel 2: Diagnosebogen zur Einschätzung des Lern- und Arbeitsverhaltens in der Freiarbeit

Der Diagnosebogen (Abbildung 5) könnte (entsprechend verändert und angepasst) über eine systematische Beobachtung im Rahmen von Freiarbeit, Wochenplanarbeit oder auch Stationenarbeit eingesetzt werden. Der Anspruch an die Kriterien ist hier weniger streng als im obigen Beurteilungsbogen (Abbildung 3): Zum Teil sind auch Kriterien enthalten, die nicht in konkreten Settings erlernt werden können (z. B. „… kann konzentriert und ausdauernd arbeiten') – es handelt sich also nicht zufällig um einen Diagnosebogen. Dieser Bogen ist in hohem Maße der prozessbezogenen Lernförderung verpflichtet und entfaltet seine positive Wirkung auf das Lernverhalten erst bei entsprechender Beratung.
Der Beobachtungsaufwand wird entlastet, weil einige Kriterien schriftlich kontrolliert werden. Gleichwohl ist eine systematische Unterrichtsbeobachtung anspruchsvoll[44]. Sie erfordert ein hohes Maß an Konzentration und eine sorgfältige Organisation, beispielsweise in zeitlicher Hinsicht. Zudem sind Beobachtungsphasen von Beratungsphasen zu unterscheiden und mit Schülern zu klären.

---

44 Weitere Hinweise zur systematischen Beobachtung vgl. Bohl 2001 a: Analyse der Fallstudien, S. 321–332.

7. Schlussbemerkung

Ausgangspunkt dieses Beitrags war die Zusammenführung einer reform-pädagogischen Tradition und der empirischen Schulforschung. Aus diesen beiden Linien kristallisiert sich ein Unterrichtsverständnis heraus, in welchem offene Konzepte in die Gesamtchoreografie des Unterrichts eingebettet sind. Eine isolierte Betrachtung offener Konzepte greift zu kurz.

Die Leistung, die Schüler im offenen Unterricht erbringen, kann grundsätzlich über verschiedene Varianten beurteilt werden. Als Kern der hier vorgetragenen Überlegungen betrachte ich die Verbindung zwischen Unterricht und Beurteilung. Präziser: Beurteilungskriterien sind im vorausgehenden Unterricht konkret erlernbar zu machen, womit die methodisch-didaktische Kompetenz der Lehrer angesprochen ist. Sofern dies nicht möglich ist, handelt es sich um interventionsferne Kompetenzen, die eher förderdiagnostisch zu betrachten sind. Für Lehrer und Schüler ist diese Betrachtungsweise entlastend, sie schützt vor unrealistischen Ansprüchen und vor zu umfangreichen oder komplexen Beurteilungsbögen.

Abbildung 5: Diagnosebogen für Freiarbeit oder Wochenplanarbeit (Daur 2001)

Diagnosebogen zur Einschätzung des Lern- und Arbeitsverhaltens in der Freiarbeit				
Name:		**Kl.**	**Schuljahr:**	
Beteiligte Fächer:				
Der Schüler ...	+	o	–	spez. An-merkung
A. Lern- und Arbeitsverhalten (Beobachtungstage: _____ , _____ , _____)				
1. variiert in angemessener Weise das Lernmaterial				
2. folgt den Arbeitsanleitungen sorgfältig				
3. kann Hilfe gezielt einfordern und annehmen				
4. kann selbst Hilfe geben				
5. kann konzentriert und ausdauernd arbeiten				
B. Schriftliche Leistungen (überprüft am _____)				
6. führt den Freiarbeitsordner sorgfältig				
7. ist in der Lage, einen vollständigen und ordentlichen Aufschrieb auszuführen				
8. hat eine gewissenhafte selbstständige Lösungskontrolle durchgeführt				
C. Sonstiges				
8. kann sich an die vereinbarten Freiarbeitsregeln halten				
9. Weitere Bemerkungen				
Weitere Anmerkungen				

—————————   ————————————   ——————————   ——————————
Datum   Klassenlehrerin   Fachlehrer   Fachlehrer

130

Literaturverzeichnis

Baumert, J./Artelt, C./Klieme, E./Stanat, P. (2002): PISA – Programme for International Student Assessment. Zielsetzung, theoretische Konzeption und Entwicklung von Messverfahren. In: Weinert, F. E. (Hrsg.): Leistungsmessungen in Schulen. 2. Aufl., Weinheim, S. 45–58, S. 295.

Baumert, J./Klieme, E./Neubrand, M./Prenzel, M./Schiefele, U./Schneider, W./ Stanat, P./Tillmann, K. J./Weiß, M. (1999): Erfassung fächerübergreifender Problemlösekompetenzen in PISA. Online: http://www.mpib-berlin.mpg.de/ pisa/natgrundkonzeption.html.

Baumert, J./Roeder, P. M./Sang, F./Schmitz, B. (o. J.): Leistungsverweigerung und Vergleich von Bildungsunterschieden in Gymnasialklassen. Berlin: Max-Planck-Institut für Bildungsforschung o. J.

Baumert, J. u. a. (Hrsg.) (2003): PISA 2000 – Ein differenzierter Blick auf die Länder der Bundesrepublik Deutschland (Zusammenfassung). Online: http://www. mpib-berlin.mpg.de/pisa/ergebnisse_national_vertiefend.htm.

Baumgartner, P. (1993): Der Hintergrund des Wissens. Vorarbeiten zu einer Kritik der programmierten Vernunft. Klagenfurt.

Becker, K./von der Groeben, A./Lenzen, K.-D./Winter, F. (2002) (Hrsg.): Leistung sehen, fördern, werten. Bad Heilbrunn.

Benner, D./Ramseger, J. (1985): Zeugnisse ohne Noten in der Grundschule. In: Zeitschrift für Pädagogik. 31. Jg./Heft 2, S. 151–174.

Bernfeld, S. (1973): Sisyphos oder die Grenzen der Erziehung. Leipzig – Wien – Zürich 1925 (Reprint Frankfurt).

Bernhard, A. (1999): „Multiple Identität" als neues Persönlichkeitsideal? Der sozialwissenschaftliche Diskurs über Identität und seine möglichen Folgen für die Pädagogik. In: Neue Sammlung, 39. Jg./Heft 2, S. 291–307.

Bernhard, A. (2002): Modularisiertes oder widerständiges Subjekt? – Die Identitätsproblematik als Herausforderung an eine kritische Bildungs- und Erziehungstheorie. Unveröffentlichtes Redemanuskript. Münster.

Bildungskommission NRW (Hrsg.) (1995): Zukunft der Bildung. Schule der Zukunft. Neuwied.

Bohl, T. (2001 a): Prüfen und Bewerten im Offenen Unterricht. Neuwied.

Bohl, T. (2001 b): Wie verbreitet sind offene Unterrichtsmethoden? In: Pädagogische Rundschau. 55. Jg./Heft 3, S. 271–288.

Bohl, T. (2001 c): Theoretische Strukturierung – Begründung neuer Beurteilungsformen. In: Grunder, H.-U./Bohl, T. (Hrsg.): Neue Formen der Leistungsbeurteilung in den Sekundarstufen I und II. Baltmannsweiler.

Bohl, T. (2003): Aktuelle Regelungen zur Leistungsbeurteilung und zu Zeugnissen an deutschen Sekundarschulen. Eine vergleichende Studie aller Bundesländer – Darstellung und Diskussion wesentlicher Ergebnisse. In: Zeitschrift für Pädagogik, 49. Jg., 4, S. 550–566.

Bönsch, M. (2000): Lernen durch Lehren. Handlungsorientierung im Fremdsprachenunterricht. In: Die Unterrichtspraxis, 34, 7, S. 54–56.

Bönsch, M. (Hrsg.) (2002): Selbstgesteuertes Lernen in der Schule. Praxisbeispiele aus unterschiedlichen Schulformen. Neuwied.

Bronfenbrenner, U. (1972): Erziehungssysteme. Kinder in den USA und der Sowjetunion. München

Brügelmann, H. (1996): Öffnung des Unterrichts – Befunde und Probleme der empirischen Forschung. Bericht N. 10a Projekt OASE ,Offene Arbeits- und Sozialformen entwickeln'. Veröffentlichung des Fachbereichs 2 der Universität – Gesamthochschule Siegen. Siegen.

Brunner, I./Schmidinger, E. (2000): Gerecht beurteilen. Linz.

Cloer, E. (1991): Veränderte Kindheitsbedingungen. Wandel der Kinderkultur: Aufgaben und Perspektiven für die Grundschule als Basis der Bildungslaufbahn. In: Niedersächsisches Kultusministerium (Hrsg.): Ständige Pädagogische Konferenz. Ernstfall Grundschule – Sind Kinder keine Kinder mehr? Dokumentation. Hannover.

Cochran-Smith, M./Lytle, S. L. (1999): Relationship of knowledge and Practice: Teacher Learning of Communities. Review of Research in Education, 24. Washington.

Coleman, J. u. a. (1966): Equality of Educational Opportunity. New York.

Craig, E. (1993): Was wir wissen können. Pragmatische Untersuchungen zum Wissensbegriff. Frankfurt/M.

Daur, H. (2001): Leistungsbeurteilung im Rahmen der Freiarbeit. In: Grunder, H.-U./Bohl, T. (Hrsg.): Neue Formen der Leistungsbeurteilung in den Sekundarstufen I und II. Baltmannsweiler, S. 119–138.

Deutscher Juristentag (1981): Schule im Rechtsstaat. Bd. 1. Entwurf für ein Landesschulgesetz. München.

Deutsches PISA-Konsortium (Hrsg.) (2001): PISA 2000. Basiskompetenzen von Schülerinnen und Schüler im internationalen Vergleich. Opladen: (zitiert: PISA 2001).

Deutsches PISA-Konsortium (2003) (Hrsg.): PISA 2000. Ein differenzierter Blick auf die Länder der Bundesrepublik Deutschland. Opladen (zitiert: PISA 2003).

Dewey, J. (1897): My Pedagogic Creed. In: School Journal LIV, January, S. 77–80.

Dewey, J. (1964): Demokratie und Erziehung. Braunschweig.

Dohmen, G. (1996): Das lebenslange Lernen. Leitlinien einer modernen Bildungspolitik. Bonn.

Dohmen, G. (1999a): Das andere Lernen. Für einen entgrenzten Lernbegriff. In: Psychologie heute. 26. Jg. Heft 10, S. 46–51.

Dohmen, G. (1999b): Weiterbildungsinstitutionen, Medien, Lernumwelten. Rahmenbedingungen und Entwicklungshilfen für das selbstgesteuerte Lernen. Bonn.

Dohmen, G. (2001a): Das informelle Lernen. Die internationale Erschließung einer bisher vernachlässigten Grundform menschlichen Lernens für das lebenslange Lernen aller. Bonn.

Dohmen, G. (2001 b): Zertifizierung. In: Materialien des Forum Bildung 9, Bonn, S. 152–160.

Dohmen, G. (2002 a): Lebenslanges Lernen – und wo bleibt die Bildung? In: Literatur- und Forschungsreport Weiterbildung 49, Bielefeld, S. 9–14.

Dohmen, G. (2002 b): Neue Wende zu einem „natürlicheren Lernen"? In: Cordes, M./Dikau, J./Schäfer, J. (Hrsg): Hochschule als Raum lebensumspannender Bildung. Regensburg, S. 47–57.

Einsiedler, W. (2000): Von Erziehungs- und Unterrichtsstilen zur Unterrichtsqualität. In: Schweer, M. K. W. (Hrsg.): Pädagogisch-psychologische Aspekte des Lehrens und Lernens in der Schule. Opladen, S. 109–128.

Engelhardt, H. (2000): Die Hauptschule – Standortbestimmung und Perspektiven. Hamburg.

Etzioni, A. (1995): Die Entdeckung des Gemeinwesens. Stuttgart.

Fend, H. (1980): Theorie der Schule. München, Wien, Baltimore.

Fend, H. (1998): Qualität im Bildungswesen. Schulforschung zu Systembedingungen, Schulprofilen und Lehrerleistung. Weinheim und München.

Finkenstaedt, Th./Heldmann, W. (1989): Studierfähigkeit konkret. Bad Honnef.

Fischer, H. R. (1995): Die Wirklichkeit des Konstruktivismus. Heidelberg.

Freinet, C. (1965): Die moderne französische Schule. Übers. und besorgt von Hans Jörg. Paderborn.

Fromm, E. (1998): Die Kunst des Liebens. Berlin (52. Aufl.).

Giesecke, H. (1998): Pädagogische Illusionen. Stuttgart.

Grunder, H.-U. (1994): Reform der Erziehung. In: Zeitschrift für Pädagogik. 40. Jg./Heft 6, S. 926–939.

Grunder, H.-U./Bohl, T. (Hrsg.) (2001): Neue Formen der Leistungsbeurteilung in den Sekundarstufen I und II. Baltmannsweiler.

Guldimann, T. (1997): Eigenständiger Lernen. Bericht über ein Forschungsprojekt. In: Schweizerische Zeitschrift für kaufmännisches Bildungswesen 91, H. 3, 175–197.

Guldimann, T. (2003): Das Lernen verstehen – eine Voraussetzung für die Lerndiagnose. In: SchulVerwaltung spezial, H. 2, S. 4–8.

Habermas, J. (1985): Die neue Unübersichtlichkeit. Frankfurt.

Haeberlin, U. u. a. (1990): Integration von Lernbehinderten. Versuche, Theorien, Enttäuschungen, Hoffnungen. In: 9. Beiheft zur Vierteljahrsschrift „Beiträge zur Heil- und Sonderpädagogik". Bern.

Heitmeyer, W. (2000): Rechts kommt nicht aus dem Nichts. In: Neue deutsche Schule. H. 9, S. 8/9.

Heldmann, W. (1984): Studierfähigkeit. Ergebnisse einer Umfrage. Göttingen.

Helmke, A. (1992): Selbstvertrauen und schulische Leistung. Göttingen.

Helmke, A./Hesse, H. (2002): Kindheit und Jugend in Asien. In: Krüger, H./Grunert, C. (Hrsg.): Handbuch Kindheits- und Jugendforschung. Opladen, S. 339–471.

Helmke, A., Weinert, F. E. (1997). Bedingungsfaktoren schulischer Leistungen. In:

F. E. Weinert (Hrsg.): Enzyklopädie der Psychologie. Bd. 3. Psychologie der Schule und des Unterrichts. Göttingen, S. 71–76.

Hentig, H. v. (1985): Die Menschen stärken, die Sachen klären. Stuttgart.

Hentig, H. v. (1993): Die Schule neu denken. München.

Herbart, J. F. (1964/65): Pädagogische Schriften Bd. I/II, hg. von Asmus, W. Düsseldorf.

Herold, M. (2001): Leistungsbeurteilung im Rahmen des Konzepts „Selbstorganisiertes Lernen". In: Grunder, H.-U./Bohl, T. (Hrsg.): Neue Formen der Leistungsbeurteilung in den Sekundarstufen I und II. Baltmannsweiler, S. 241–254.

Herren, D. A. (1999): Beurteilen! Beurteilen? auf der Volksschulstufe. Magglingen/Schweiz (vervielfältigtes Typoskript).

Ingenkamp, K. (1987): Zeugnisse und Zeugnisreformen aus der Sicht empirischer Pädagogik. In: Olechowski, R./Persey, E. (Hrsg.): Fördernde Leistungsbeurteilung. Wien und München, S. 22–37.

Ingenkamp, K. (Hrsg.) (1995): Die Fragwürdigkeit der Zensurengebung. Texte und Untersuchungsberichte. Weinheim/Basel (9. Aufl.).

Johnson, D. W./Johnson, R. T. (1992): What to say to the Advocates for the Gifted. In: Educational Leadership, vol 50, number 2, Oct., page 44–47.

Jürgens, E. (1994): Offener Unterricht: Einige Anmerkungen zur aktuellen Diskussion und zur Praxis. In: Jürgens, E. (Hrsg.): Eprobte Wochenplan- und Freiarbeits-Ideen in der Sekundarstufe I: Praxisberichte über effektives Lernen im offenen Unterricht. Heinsberg, S. 19–38.

Jürgens, E. (1997): Offener Unterricht im Spiegel empirischer Forschung. In: Pädagogische Rundschau. 51. Jg./Heft 6, S. 677–697.

Jürgens, E. (1998): Didaktische Grundkonzepte in der Freiarbeitspraxis an Grundschule und der Sekundarstufe I. Oldenburg: Oldenburger Vor-Drucke des Zentrums für pädagogische Berufspraxis. Heft 381, S. 19 f.

Jürgens, E. (2000): Leistung und Beurteilung in der Schule. Sankt Augustin (5. Aufl.).

Jürgens, E. (2002): Erfolgreiches Lehren und Lernen in schüleraktiven Unterrichtsformen. Modelle und Praxis. Institut für berufliche Bildung und Weiterbildung. Göttingen.

Klafki, W. (1991): Neue Studien zur Bildungstheorie und Didaktik. Zeitgemäße Allgemeinbildung und kritisch-konstruktive Didaktik. Weinheim/Basel (2. Aufl.).

Klauer, K. J. (2002): Wie misst man Schulleistungen? In: Weinert, F. E. 2002, S. 103–115.

Konrad, K./Traub, S. (1999): Selbstgesteuertes Lernen in Theorie und Praxis. München.

Kopp, F. (1980): Verrechtlichung der Schule. München.

Kossik, H. (1999): Präsentationen statt Klausuren. Erfahrungsbericht aus der Sekundarstufe II. In: Pädagogik 51, 6, 43–47.

Kuhn, M. (2001): Leistungsbeurteilung im Rahmen des Unterrichtskonzepts ‚Schülerunterricht', S. 159–180.

Kunert, K. (1983): Wie Lehrer mit dem Lehrplan umgehen. Weinheim.

Landherr, B. (2001): Leistungsbeurteilung im Rahmen des Konzepts „Selbstorganisiertes Lernen". In: Grunder, H.-U./Bohl, T. (Hrsg.): Neue Formen der Leistungsbeurteilung in den Sekundarstufen I und II. Baltmannsweiler, S. 255–272.

Lenz, J. (1991): Effective-School-Forschung in den USA. Ihre Bedeutung für Führung und Lenkung von Schulen. Frankfurt.

Lith, U. v. (1983): Markt, persönliche Freiheit und die Ordnung des Bildungswesens. Tübingen.

Lübke, S. (1996): Schule ohne Noten. Lernberichte in der Praxis der Laborschule. Opladen.

Lustig, K. (1996): Portfolio Assessment. A Handbook for Middle Level Teachers. Columbus, Ohio.

Martin, J.-P. (2000): Lernen durch Lehren: ein modernes Unterrichtskonzept. In: Schulverwaltung. Ausgabe Bayern, 23, 3, S. 105–110.

Martin-Kniep, G. O. (1998): Why Am I Doing This? Purposeful Teaching Through Portfolio Assessment. Portsmouth, NH.

Mittelstraß, J. (2002): Bildung und ethische Werte. In: Killius, N. u. a. (Hrsg.): Die Zukunft der Bildung. Frankfurt/M.

Mönninghoff, J. A. (1992): Das Bewusstsein des Lehrers. Neuwied.

Neumann, K. (1997): Mit sich selbst identische Subjekte? Welche Identität soll und kann die Schule heute vermitteln? In: Neue Sammlung, 37. Jg./Heft 3, S. 419–437.

Neuweg, G. H. (2000). Wissen – Können – Reflexion. Ausgewählte Verhältnisbestimmungen. Innsbruck/Wien.

Neuweg, G. H. (2002): Wenn die einen nicht können, was sie wissen, und die anderen nicht wissen, was sie können. In: Baumgartner, P./Welte, H. (Hrsg.): Reflektierendes Lernen. Beiträge zur Wirtschaftspädagogik. Innsbruck u. a., S. 86–103.

OECD (2001): Lernen für das Leben. OECD, Paris (zitiert: OECD 2001).

Oelkers, J. (1996): Reformpädagogik. Eine kritische Dogmengeschichte. Weinheim/München.

Paulsen, F. (1921): Geschichte des gelehrten Unterrichts. III, Bd. 2. Berlin.

Peccei, A. (Hrsg.) (1983): Zukunftschance Lernen. Club of Rome. Bericht für die achtziger Jahre. Berlin.

Pekrun, R./Schiefele, U. (1996): Emotions-motivationspsychologische Bedingungen der Lernleistung. In: Weinert, F. E. (Hrsg.): Psychologie des Lernens und der Instruktion. Enzyklopädie der Psychologie. Göttingen, S. 153–179.

Redl, F. (1971): Erziehung schwieriger Kinder. München.

Renkl, A. (1997): Lernen durch Lehren. Zentrale Wirkmechanismen beim kooperativen Lernen. Wiesbaden.

Rheinberg, F. (2001): Bezugsnormen und schulische Leistungsbeurteilung. In: Weinert, F. E. (Hrsg.): Leistungsmessungen in Schulen. Weinheim/Basel.

Richter, I. (1994): Entscheidungsstrukturen für Bildungsfragen in offenen Gesellschaften. In: ZfPäd., 2, S. 181–191.

Roth, H. (1962): Die realistische Wendung in der pädagogischen Forschung. In: Neue Sammlung, 2. Jg./Heft 2, S. 481 ff.

Roth, H. (1971 a): Pädagogische Anthropologie. Bd. 1: Bildsamkeit und Bestimmung. Hannover (3. Aufl.).

Roth, H. (1971 b): Pädagogische Anthropologie. Bd. 2: Entwicklung und Erziehung: Grundlagen einer Entwicklungspädagogik. Hannover.

Ruf, U./Gallin, P. (1999): Dialogisches Lernen in Sprache und Mathematik. Band 1: Austausch unter Ungleichen. Grundzüge einer interaktiven und fächerübergreifenden Didaktik. Band 2: Spuren legen – Spuren lesen. Unterricht mit Kernideen und Reisetagebüchern. Seelze-Velber.

Rumpf, H. (1982): Ein Panzer zum Tode. In: Neue Sammlung, 22, 2, S. 114–127.

Rumpf, H. (1986): Die künstliche Schule und das wirkliche Leben. München.

Rutter, M. u. a. (1980): Fünfzehntausend Stunden. Schulen und ihre Wirkung auf die Kinder. Weinheim/Basel.

Sacher, W. (2002): Leistungsfeststellung und Leistungserbringung im Dienste der Förderung von Leistungsbereitschaft und Leistungsfähigkeit. In: Lemnitzer, K./Wiater, W. (Hrsg.): Unter pädagogischem Verständnis fördert und fordert die Schule Leistungsbereitschaft und Leistungsfähigkeit. Seelze-Velber, S. 56–71.

Sacher, W. (2003): Elemente einer pädagogischen Theorie des Lernens und Lehrens. Nürnberg (SUN, Schulpädagogische Untersuchungen Nürnberg Nr. 18).

Sacher, W. (2004): Leistungen entwickeln, überprüfen und beurteilen. Bewährte und neue Wege für die Primar- und Sekundarstufe. Bad Heilbrunn (4. Aufl.).

Schrader, F.-W./Helmke, A. (2002): Alltägliche Leistungsbeurteilung durch Lehrer. In: Weinert, F. E. (Hrsg.): Leistungsmessungen in Schulen. Weinheim (2. Aufl.).

Schratz, M. (1994): Das retardierende Moment. Wie die Leistungsbeurteilung den pädagogischen Fortschritt hemmt. Informationen zur Deutschdidaktik 18, H. 2, S. 17–34.

Schwarz, J. (2001): Die eigenen Stärken veröffentlichen. Portfolios als Lernstrategie und alternative Leistungsbeurteilung. In: Becker, G./Ilsemann, C. von/Schratz, M. (Hrsg.): Qualität Entwickeln: evaluieren. Friedrich Jahresheft 2001, Seelze.

Siebert, H. (1999): Pädagogischer Konstruktivismus. Eine Bilanz der Konstruktivismusdiskussion für die Bildungspraxis. Neuwied.

Spranger, E. (1950[8]): Lebensformen. Tübingen.

Staatliches Seminar Biel (2000): Planspiel Beurteilungskonzept SSB Klasse 1b. Biel (http://www.linde-biel.ch/unterrichtsmaterial).

Standop, J./Jürgens, E. (2003): Pädagogische Diagnostik im Kontext von Klassenführungskompetenz und Unterrichtsgestaltung. In: SchulVerwaltung spezial H. 2, S. 22–24.

Steffens, U./Bargel, T. (1993): Erkundungen zur Qualität von Schule. Neuwied.

Terhart, E. (1999): Konstruktivismus und Unterricht – Gibt es einen neuen Ansatz in der allgemeinen Didaktik? Zeitschrift für Pädagogik, 45, S. 629–647.

Treiber, B./Weinert, F. E. (1985): Gute Schulleistungen für alle. Psychologische Studien zu einer pädagogischen Hoffnung. Münster.

Valtin, R. (2002): Was ist ein gutes Zeugnis? Noten und verbale Beurteilungen auf dem Prüfstand. Weinheim/München.

Vierlinger, R. (1993): Die offene Schule und ihre Feinde. Wien.

Vierlinger, R. (1999): Leistung spricht für sich selbst. „Direkte Leistungsvorlage" (Portfolios) statt Ziffernzensuren und Notenfetischismus. Heinsberg.

Wallrabenstein, W. (1991): Offene Schule – offener Unterricht. Ratgeber für Eltern und Lehrer. Reinbek bei Hamburg.

Weber, M. (1972[5]): Wirtschaft und Gesellschaft. Hg. Winckelmann, J. Tübingen.

Wegele, K. (2001): Leistungsbeurteilung bei einer Szenischen Interpretation. In: Grunder, H.-U./Bohl, T. (Hrsg.): Neue Formen der Leistungsbeurteilung in den Sekundarstufen I und II. Baltmannsweiler, S. 221–240.

Wehnes, F.-J. (2001): Theorien der Bildung – Bildung als historisches und aktuelles Problem. In: Roth, L. (Hrsg.): Pädagogik. Handbuch für Studium und Praxis. München (2. Aufl.).

Weinberg, J. (1999): Lernkultur – Begriff, Geschichte, Perspektive. In: QUEM (Hrsg.): Kompetenzentwicklung '99. Aspekte einer neuen Lernkultur. Argumente, Erfahrungen, Konsequenzen. Münster/New York, S. 81–146.

Weinert, F. E. (Hrsg.) (2002): Leistungsmessungen in Schulen. Weinheim (2. Aufl.).

Weinert, F. E. (1997): Lernkultur im Wandel. In: Beck, E. et al. (Hrsg.): Lernkultur im Wandel. Tagungsband der Schweizerischen Gesellschaft für Lehrerinnen- u. Lehrerbildung und der Schweizerischen Gesellschaft für Bildungsforschung. St. Gallen, S. 11–30.

Weinert, F. E./Helmke, A. (1987): Schulleistungen – Leistungen der Schule oder des Kindes? In: Steffens, U./Bargel, T. (Hrsg.): Untersuchungen zur Qualität des Unterrichts. Beiträge aus dem Arbeitskreis ‚Qualität von Schule' Heft 3. Hessisches Institut für Bildungsplanung und Schulentwicklung. Wiesbaden/Konstanz.

Weinert, F. E./Helmke, A. (1996): Der gute Lehrer: Person, Funktion oder Fiktion? In: Zeitschrift für Pädagogik. 34. Beiheft, S. 223–233.

Winkel, R. (1993): Offener oder Beweglicher Unterricht? In: Grundschule. 25. Jg./1993/Heft 2, S. 12–14.

Winter, F. (1991): Schüler lernen Selbstbewertung. Ein Weg zur Veränderung der Leistungsbeurteilung und des Lernens. Frankfurt/M. (Diss. Universität Marburg 1990).

Winter, F. (1999): Mit Leistung anders umgehen lernen – das Beispiel Lerntagebuch. In: Huber, L., u. a. (Hrsg.): Lernen über das Abitur hinaus. Erfahrungen und Anregungen aus dem Oberstufenkolleg Bielefeld. Seelze, 196–207.

Winter, F. (2002 a): Chancen für pädagogische Reformen? In: Becker, K./von der Groeben, A./Lenzen, K.-D./Winter, F. (Hrsg.): Leistung sehen, fördern, werten. Bad Heilbrunn, S. 32–41.

Winter, F. (2002 b): Ein Instrument mit vielen Möglichkeiten – Leistungsbewertung anhand von Portfolios. In: ders./Groeben, A./von der Lenzen, K.-D. (Hrsg.): Leistung sehen, fördern, werten – neue Wege für die Schule. Bad Heilbrunn, S. 173–181.

Winter, F. (2003): Person – Prozess – Produkt. Das Portfolio und der Zusammenhang der Aufgaben. In: Ball, H. u. a. (Hrsg.): Aufgaben. Lernen fördern – Selbständigkeit entwickeln. Friedrich Jahresheft 2003, Seelze, S. 78–81.

Winter, F. (2004): Leistungsbewertung – eine neue Lernkultur braucht einen anderen Umgang mit den Schülerleistungen. Baltmannsweiler.

Autoren

Dr. Werner Sacher, Professor an der Universität Erlangen-Nürnberg

Dr. Günther Dohmen, Professor em. der Universität Tübingen

Dr. Eiko Jürgens, Professor an der Universität Bielefeld

Dr. Rupert Vierlinger, Professor em. der Universität Passau

Dr. Felix Winter, Dozent an der Universität Zürich

Dr. Bernd Nussinger, Oberstudienrat am Pirckheimer-Gymnasium in Nürnberg

Dr. Oswald Inglin, Konrektor am Gymnasium Leonhard in Basel

Dr. Urs Ruf, Professor an der Universität Zürich

Dr. Thorsten Bohl, Professor an der Pädagogischen Hochschule Weingarten